행복한 날
비즈 주얼리

오연림 저

Happy Bead Jewelry

Foreword

이야기가 있는 비즈

　신비스러운 아름다움과 묘한 매력을 가진 비즈와 함께 한 지도 어느덧 5년이 흘렀습니다. 처음에는 그 아름다운 작은 별빛에 매료되어 더듬더듬 하나씩 엮어 보는 것으로 시작했지만, 이제는 비즈를 벗어나서 생활할 수 없으리만치 비즈에 푹 빠져 더 아름다운 조화를 찾기 위해 열심히 노력하고 있습니다.

　수많은 크리스털을 하나로 엮는 것은 혼돈에 질서를 부여하는 일만큼이나 많은 정성이 필요합니다. 그래서 처음 접하는 분들은 비즈를 통해 즐거움을 느끼기 어렵습니다. 이러한 초기의 노고를 줄이고, 처음 하시는 분들께도 비즈를 통해 성취감과 행복을 드렸으면 좋겠다는 생각으로 오랜 망설임 끝에 그동안 틈틈이 쌓아온 경험을 여러분께 나눠드리고 싶어 이 책을 쓰게 되었습니다. 물론 그 경험 속에는 많은 사연들과 이야기들이 있습니다. 마음에 들어 가지고 싶었지만 선물해야 했던 작품, 아끼는 사람에게 선물하려다 시기를 놓쳐 아직도 망설이고 있는 작품들 … 비즈는 그냥 사물이 아니라 하나하나 이야기를 가지고 있는 편지와 같습니다.

　그래서 이 책은 이야기가 있는 비즈를 만드는 데 중점을 두었습니다. 비즈를 만드는 시기시기마다, 각 작품마다 많은 사연들이 담겨 있습니다. 이런 감정들이 이입된 자신의 분신같은 작품들은 그 자체가 소중한 기억의 한편으로 남습니다. 훗날 그 작품을 볼 때면 어김없이 떠올라 웃음지을 수도 있지요. 비즈는 다양한 색상과 소재들로 사람들의 마음을 끌기에 충분하고, 자기만의 독특한 작품은 더없는 즐거움을 선사할 것입니다. 비즈를 제작하는 동안 가슴 벅찬 감격과 행복한 미소를 맘껏 누려볼 수 있어서 잊지 못할 좋은 추억으로 간직될 것입니다.

　내 손 안에서 만드는 작지만 소중하고 큰 행복을 이 책을 통해 나누어 드리고 싶습니다. 이 책에서 소개하는 작품 하나하나에 깃든 이야기는 여러분을 더욱 흥미로운 비즈의 세계로 안내해 드릴 것입니다.

오연림(rainbow258@hanmail.net) 씀

Contents

첫 번째 이 야 기
비즈와의 만남

크리스털의 색상과 명칭 • 10
다양한 비즈의 종류 • 12
비즈 공예용 공구와 부자재 • 14
다양한 비즈 공예 활용법 • 16

두 번째 이 야 기
초보자도 가능한
다양한 비즈 액세서리

01 육각 펜던트 Y목걸이 • 21
02 산호 론델 목걸이 • 23
03 변형 30구 2줄 목걸이 • 25
04 긴 줄 목걸이 • 27
05 플라워 귀걸이/앤티크 귀걸이 • 29
06 꽈배기 귀걸이/센딩 나뭇잎 귀걸이 • 31
07 장미 원석 귀걸이/점토꽃 귀걸이 • 33
08 12구 귀걸이/네잎 클로버 귀걸이 • 35
09 볼론델 목걸이 시계 • 37
10 앤티크 손목시계 • 39
11 지르콘 팔찌/꽃잎 팔찌 • 41
12 정장 브로치 • 43
13 캐주얼 브로치 • 45
14 검정꽃 헤어핀/무늬 핵진주 헤어핀 • 47
15 플라워 반지/사각 지르콘 반지 • 49
16 나비 핸드폰 고리/불꽃놀이 핸드폰 고리 • 51
17 까메오 가방 고리 • 53
18 코튼볼 가방 고리 • 55

세 번째 이야기

마음 가득, 정성 가득
공들인 비즈 선물

01 입체 하트 목걸이 • 59
02 하트 장식 목걸이 • 61
03 진주 꼬임 목걸이 • 63
04 자개 십자가 목걸이 • 65
05 별 캡보석 2줄 목걸이 • 67
06 크리스털 원통 론델 목걸이 • 69
07 베네치아 하트 목걸이 • 71
08 도너츠 원석 목걸이 • 73
09 마블링볼 목걸이, 반지 세트 • 75
10 진주 크리스털 교차 목걸이 • 77
11 터키석 목걸이, 귀걸이 세트 • 79
12 아라고나이트 목걸이, 귀걸이 세트 • 81
13 미키마우스 팬던트 목걸이 • 83
14 플라워 목걸이 • 85
15 팅커벨 인형 목걸이 • 87
16 단풍잎 목걸이 • 89

네 번째 이야기

특별한 날을 기념하기 위한 나만의 센스

- **01** 하트 목걸이, 귀걸이 세트 • 93
- **02** 막대지르콘 목걸이, 귀걸이 세트 • 95
- **03** 프리메탈리코 목걸이, 귀걸이 세트 • 97
- **04** 검정꽃 목걸이 • 99
- **05** 샹들리에 목걸이 • 101
- **06** 트위스트 목걸이, 귀걸이 세트 • 103
- **07** 앤티크 캡보석 목걸이 • 105
- **08** 클래식 목걸이, 귀걸이 세트 • 107
- **09** 거북등 비즈 목걸이 • 109
- **10** 세 송이 꽃 목걸이 • 111
- **11** 아마조나이트 목걸이 • 113
- **12** 커넬리언 목걸이 • 115
- **13** 무늬 핵진주 체인 목걸이 • 117
- **14** 도화석 긴줄 목걸이 • 119
- **15** 물방울 목걸이 • 121
- **16** 진주 목걸이 • 123

다섯 번째 이야기

비즈숍에서 제안하는 캐릭터 엿보기

- **01** 강아지 신랑 • 127
- **02** 강아지 신부 • 129
- **03** 당근 먹는 토끼 • 131
- **04** 푸들 강아지 • 133
- **05** 슈나우저 강아지 • 135
- **06** 다람쥐 • 137

beads

jewelr

첫번째 이야기

비즈와의 만남

크리스털의 색상과 명칭

1 초크 화이트
2 초크 알라바스터
3 바이올렛 오팔
4 화이트 오팔
5 크리스털
6 섀도 크리스털
7 모라이온
8 블랙 다이아몬드
9 제트
10 가넷
11 시암
12 라이트 시암
13 인디안 레드
14 히야신스
15 파이어 오팔
16 라이트 피치
17 실크
18 라이트 콜로라도 토파즈
19 스모키 컬츠
20 토파즈
21 존킬
22 라이트 스모키 토파즈
23 시트린
24 라임
25 라이트 올리바인
26 올리바인
27 퍼시픽 오팔
28 크리솔라이트
29 페리도트
30 에리나이트
31 그린 투루마린
32 투루마린
33 라이트 에메랄드
34 에메랄드
35 블루 지르콘
36 인디언 사파이어
37 라이트 아조레
38 인디 콜라이트
39 라이트 사파이어
40 아쿠아 마린
41 사파이어
42 카프리 블루
43 다크 사파이어
44 코발트
45 터키옥
46 몬타나
47 라이트 아메시스트
48 로잘린
49 라이트 로즈
50 로즈
51 파파라샤
52 후시아
53 루비
54 바이올렛
55 탄자나이트
56 라일락
57 아메시스트
58 버건디

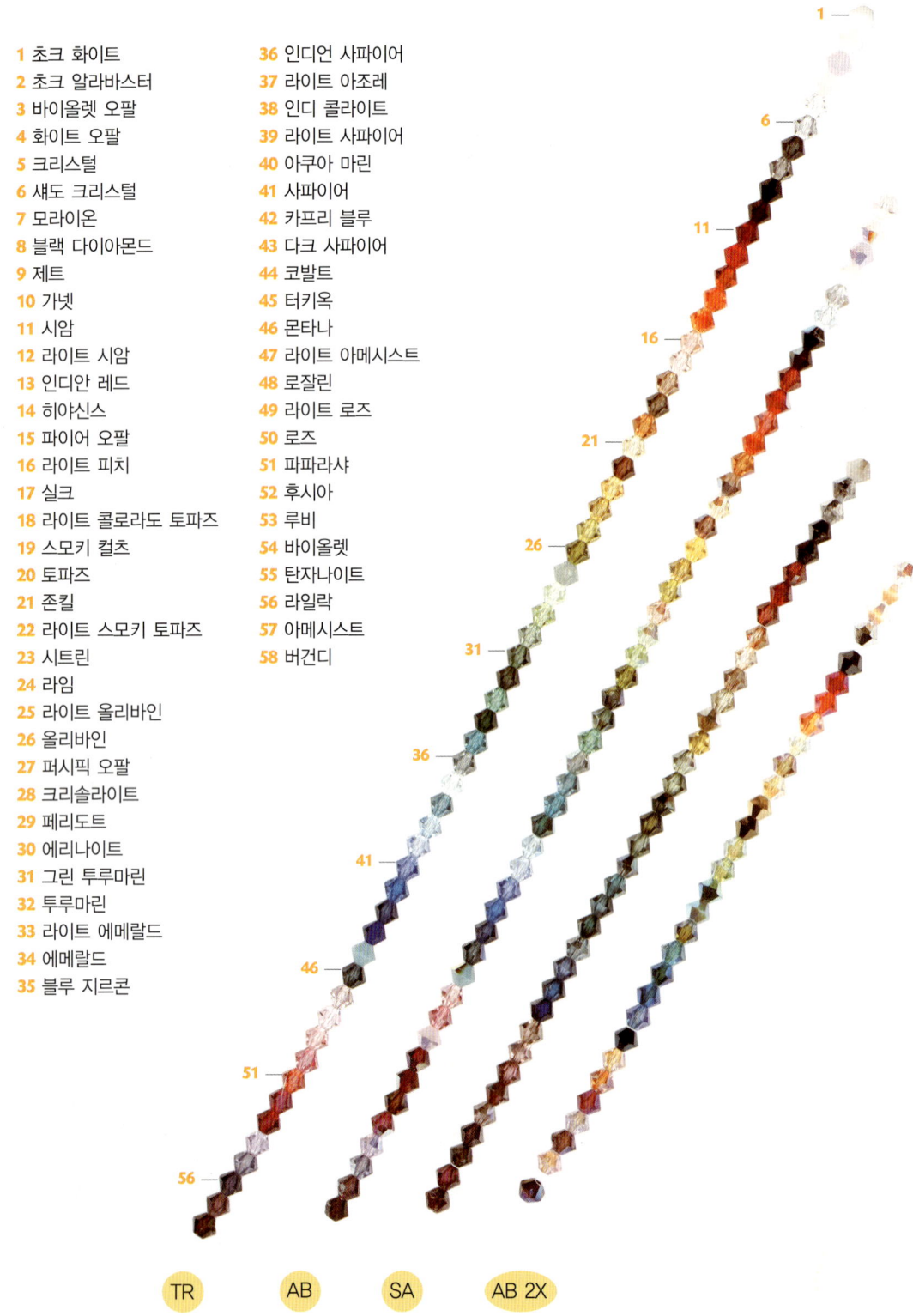

TR   AB   SA   AB 2X

스와롭스키 크리스털(SW)에는 다양한 색상이 있으며 재질이나 가공 방법에 따라 명칭이 달라진다. 크게 분류해 보면 다음과 같다.

OP (Opaque)
크리스털 중에서 불투명한 것을 말하며, 흔히 볼 수 있는 크리스털이다.

TR (Transparent)
투명한 크리스털을 말하며, 기본적으로 가장 많이 사용하는 크리스털이다.

SA (Satin)
한쪽 면에 공단처럼 매끄러운 광택이 나도록 1/2 정도만 은색 코팅한 크리스털이다. 다른 크리스털보다 더 색상이 짙고 광택이 있다.

2X
불투명한 크리스털 표면 전체를 다른 색상으로 코팅 처리하여 화려하게 보이는 크리스털이다.

AB (Aurora Borealis)
크리스털 표면에 무지갯빛이 감돌도록 1/2 정도만 코팅 처리한 크리스털이며, 오로라빛이 난다해서 붙여진 이름이다.

AB 2X
크리스털 표면 전체를 코팅 처리한 것이며, 기존의 컬러에 반짝임이 가해져서 오묘한 느낌을 주는 크리스털이다.

다양한 비즈의 종류

큐빅 장식	램프 비즈	론 델	나뭇잎 비즈
펜던트	터키석	막대비즈	물방울 비즈
파이어 폴리시	캐츠 아이	델리카 비즈	오닉스
시드비즈	자개비즈	황 옥	꽃 원석

비즈 공예용 공구와 부자재

니퍼
낚싯줄이나 T핀, 9핀 등을 자를 때 사용한다.

구자말이 집게
T핀, 9핀 등의 고리를 만들 때 사용한다.

평노즈 플라이어
비드팁을 닫을 때나 마감볼을 눌러줄 때 사용한다.

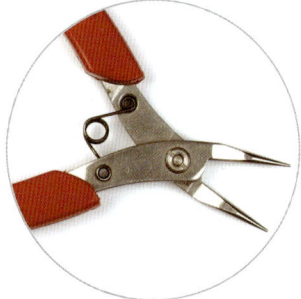

라운드 노즈 플라이어
와이어로 고리 만들 때 사용한다.

O링 반지
O링이나 C링을 열고 닫을 때 사용한다.

접착제
마무리를 튼튼하게 고정하기 위해 사용한다.

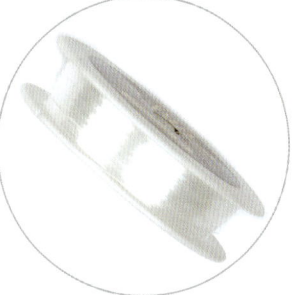

낚싯줄
비즈공예의 가장 기본 재료이며 2호, 3호 낚싯줄을 가장 많이 사용한다.

피아노줄
단단하고 고정된 느낌을 주기 때문에 목걸이줄로 많이 쓰인다.

T핀
귀걸이나 목걸이 펜던트를 만들 때 연결시켜 주는 부속으로 많이 쓰인다.

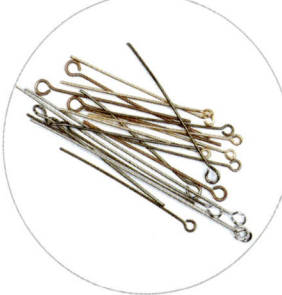

9핀
연속적으로 연결할 때 사용되는 부속으로 동그란 고리를 만들어 연결한다.

O링
부속과 부속을 연결하거나 마감 장식 등을 연결하는 용도로 쓰인다.

고정볼
비드팁 안에 끼워 피아노줄을 고정시킬 때 쓰인다.

헤어 핀대
비즈로 헤어핀을 만들 때 기본적으로 쓰이며 수동 핀대, 자동 핀대 등 다양하다.

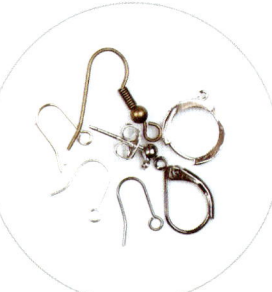
귀걸이 훅
비즈를 만들어 귀걸이훅에 연결하면 완성품이 되는데 모양과 재질이 다양하다.

비드팁
낚싯줄과 피아노줄 시작과 마무리에 사용되며 O링으로 마감 장식에 연결하면 된다.

토글바
목걸이나 팔찌의 앞장식이나 뒷마감에 사용한다.

벌집판
브로치나 반지를 만들 때 밑판으로 쓰이는 재료이다. 크기가 다양하다.

휴대폰줄
O링으로 비즈 작품에 휴대폰줄을 연결하여 완성한다. 비즈에 따라 모양을 선택한다.

랍스터
목걸이나 팔찌에 가장 많이 사용되는 연결고리로 길이 조절이 자유롭다.

뒷장식
비즈 디자인에 어울리는 연결고리를 골라 뒷장식으로 사용하면 된다.

열쇠고리
비즈 작품을 열쇠고리 펜던트에 연결할 때 쓰인다.

비즈캡
비즈의 양끝을 좀더 고급스럽거나 색다르게 장식할 때 쓰인다.

가죽줄
비즈 작품에 어울리는 색깔을 선택하여 목걸이줄로 사용하면 좋다.

체인줄
목걸이나 팔찌, 귀걸이의 다양한 모양을 연출할 때 쓰인다.

다양한 비즈 공예 활용법

T핀, 9핀 활용법

01 T핀에 크리스털이나 원하는 재료를 넣은 다음, 원하는 길이로 잘라 9자말이 집게로 말아 고리를 만들어 준 후 평노즈를 이용하여 조여주면 된다.

02 T핀 고리가 완성된 모습

01 9핀에 원하는 재료를 넣은 다음 0.7~0.8cm를 남기고 잘라 라운드 노즈로 말아 고리를 만든다. 다시 9핀을 걸어 평노즈로 조여준 후 반복하여 진행한다.

02 9핀 고리가 완성된 모습

와이어로 고리 만드는 법

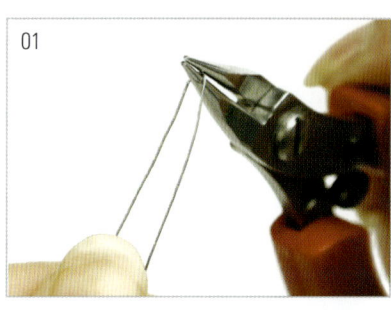

01 우선 한 쪽을 적당한 길이를 남기고 라운드 노즈로 고리 크기에 맞춰 모양을 잡는다.

02 그림과 같이 와이어를 3~4회 돌려준 다음 남은 한쪽 와이어를 잘라준다.

03 크리스털을 끼우고 0.5cm 떨어진 지점에서 고리 크기에 맞춰 와이어를 3~4회 감아준다.

04 남은 와이어를 잘라내어 완성된 모습

비즈공예 시작과 마무리

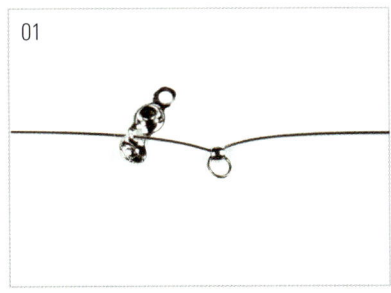  

01 피아노줄에 비드팁과 고정볼을 끼운 다음 피아노줄을 한 바퀴 돌려 고정볼을 다시 통과한다.

02 고정볼을 평노즈로 힘주어 눌러준 후 남은 피아노줄을 니퍼로 잘라준다.

03 고정볼을 비드팁에 고정시킨 후 평노즈로 비드팁을 닫아 완성한다.

* 낚싯줄을 이용할 경우, 낚싯줄에 비드팁을 넣은 다음 비즈 1개를 넣어 한 바퀴 돌려 매듭을 두세 번 만든다. 접착제를 발라 낚싯줄을 자른 후 비드팁을 닫아 완성한다.

O링 반지 사용법

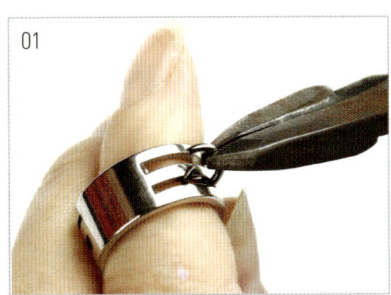 

01 O링 반지를 검지 손가락에 끼우고 평노즈로 O링을 반지틀 사이에 넣어 위로 직각이 되게 돌려주면 된다.

02 O링을 닫을 때도 마찬가지로 아래로 직각이 되게 돌려주면 된다.

17

beads

jewelr

두 번째 이야기

초보자도 가능한
다양한 비즈 액세서리

y

브라이트 골드와 버건디의 고급스러운 조화가 돋보이는 작품이다.
게다가 시드비즈의 영롱한 빛이 우아한 느낌을 더해준다.
크림톤이나 보라톤 정장에 코디하면 화사한 분위기를 만들 수 있고,
목티 위에도 무난히 잘 어울린다.

01 육각 펜던트 Y 목걸이

난이도 ★★

재료 SW 5810 8mm 진주 버건디 3개 / SW 5810 6mm 진주 버건디 15개 / SW 5810 4mm 진주 버건디 38개 / SW 5810 4mm 진주 브라이트 골드 40개 / MIYUKI 시드 No.357 120개 / 신주버니시 T핀 1개 / 신주버니시 9핀 38개 / 신주버니시 오링 3개 / 신주버니시 랍스터 1개 / 3호 낚싯줄 120cm

How to make

① **4각 펜던트 만들기**

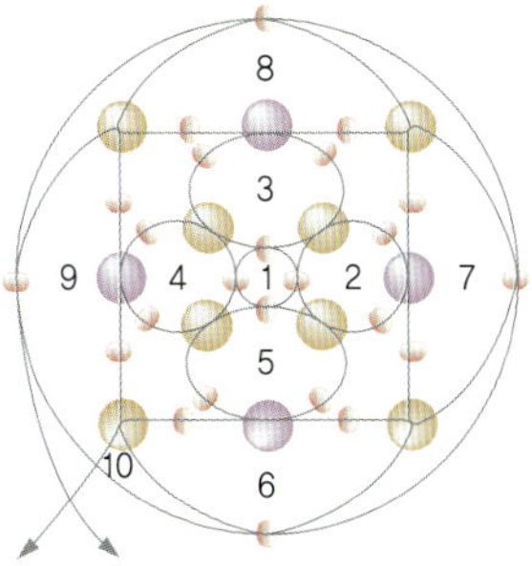

4각 모티브를 그림과 같이 만들고 9번 다음에 시드비즈 4개를 돌려준 다음 매듭 짓는다.

② **5각 펜던트 만들기**

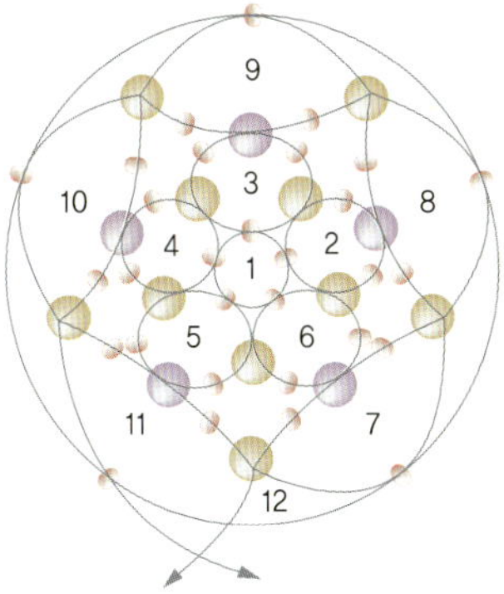

5각 모티브를 그림과 같이 만들고 11번 다음에 시드비즈 5개를 돌려 매듭짓고 몇 번 통과시킨 후 잘라준다.

③ **6각 펜던트 만들기**

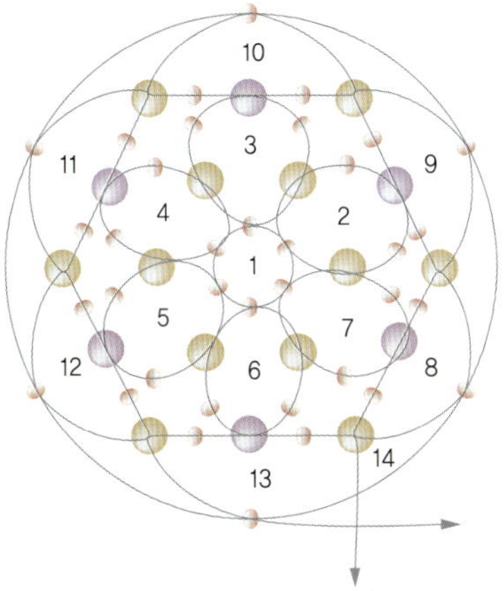

6각 모티브를 그림과 같이 만들고 13번 다음에 시드비즈 5개를 돌려 매듭짓고 몇 번 통과시킨 후 잘라준다.

④ 4mm 진주 18개, 6mm 진주 15개, 8mm 진주 3개를 9핀에 말아둔다.

⑤ 오른쪽 그림과 같이 크기별로 배열한 다음 T핀과 9핀으로 연결하면서 마무리한다.

Point 펜던트를 만들 때 마무리하기 전에 시드비즈를 돌려주어야 모양이 예쁘다.

- 4mm
- 6mm
- 5각 펜던트
- SW 5810 6mm 진주 버건디
- SW 5810 8mm 진주 버건디
- 오링 / 오링
- 6각 펜던트
- 오링
- 6mm
- 8mm
- 4각 펜던트

9핀에 규칙적으로 페어 연결하는 산호 론델 목걸이.
여성스럽고 귀여운 느낌을 주며 차분한 분위기를 자아낸다.
드레시한 의상이나 같은 톤의 의상을 입어 통일감을 주면
한결 자연스러운 이미지를 풍길 수 있다.

02 산호 론델 목걸이

난이도 ★

재료 아벤츄리 8mm 25개 / 론델 6mm 12개 / 타원 산호원석 10개 / 물방울 산호원석 4개 / 산호 라운드 2mm 2개 / 신주버니시 T핀 4개 / 신주버니시 9핀 23개 / 신주버니시 장식 1개 / 신주버니시 랍스터 1개 / 신주버니시 볼체인 50cm

How to make

① 9핀에 아벤츄리, 론델, 아벤츄리를 넣어 12개 말아준다.

② 9핀에 타원 산호 원석을 넣어 10개 말아준다.

③ ①과 ②를 연결하며 양쪽 목걸이 길이를 같게하여 B를 완성한다.

④ 장식판에 그림과 같이 물방울 산호와 아벤츄리를 T핀으로 연결해준다.

⑤ A 체인줄을 B보다 약간 짧게 하는 게 좋고, 목에 맞춰 길이를 조절한다.

⑥ 마지막에 신주버니시 랍스터를 A, B 체인 끝에 연결하여 목걸이를 완성한다.

TiP

●● 산호 이야기

산호는 3월의 탄생석으로 침착, 용기, 총명을 상징하며, 진주와 더불어 살아있는 바다의 보석이라 불린다. 색상에 따라 적색 산호, 핑크 산호, 백색 산호, 흑색 산호 등이 있다.

살구색 블라우스나 카디건 세트의 밋밋한 목선을 보완해
주는 두 줄 목걸이.
평범하고 단순한 차림에 포인트를 주는 디자인으로 화사한 분위기를
연출하고 싶을 때 과감하게 코디해 보자.

03 변형 30구 2줄 목걸이

난이도 ★★

재 료 납작 산호 6mm 59개 / 산호칩 50개 / 산호 원형 2mm 74개 / 흑니켈 9핀 19개 / 흑니켈 오링 2개 / MIYUKI 시드 No.214 60개 / 흑니켈 체인 18cm / 흑니켈 비드팁 2개 / 흑니켈 랍스터 1개 / 2호 낚싯줄 20cm

How to make

① **변형 30구 펜던트 만들기** : 변형 30구 펜던트를 그림과 같이 만들고, 21번 다음에 돌아가며 시드 5개씩 연결해 주어 구를 단단하게 만들어준다. 매듭짓기 전에 12mm 멀티 원석을 넣어 준 다음 9핀에 말아준다.

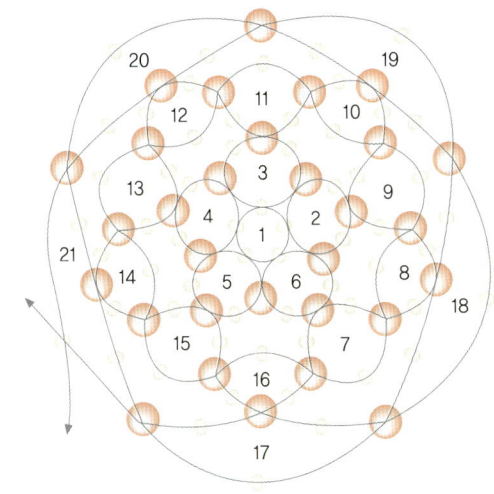

② 납작 산호 5개를 T핀에 말아 체인을 건 후 펜던트를 통과한 9핀에 연결한다.

③ A줄은 낚싯줄에  을 번갈아 끼워 주며 16.5cm 정도의 길이를 만들어 비드팁으로 마무리한다.

④ 9핀에 산호칩 5개를 넣어 10개를 말아준다.

⑤ 9핀에 ○ 을 8개 말아준다.

⑥ ④와 ⑤를 번갈아가며 연결하여 좌우 2개를 만들어 B줄을 완성한다.

⑦ 양쪽 체인 10cm에 두 가지를 각각 연결하여 오른쪽 그림과 같이 완성한다.

A줄
B줄
산호 원형 2mm
산호칩
납작 산호 6mm
변형 30구 펜던트
12mm 멀티 원석

세련되면서 풍성한 느낌을 주는 긴 줄 목걸이.
옅은 보라나 블루톤의 단색 의상에 멋스럽게 연출해 보자.
발랄하고 경쾌한 분위기를 낼 수 있다.

04 긴 줄 목걸이

난이도 ★★

재료 체코 디자인 비즈 6개 / 오닉스 커팅 10mm 6개 / 무늬 핵진주 10mm 탄자나이트 2개 / 무늬 핵진주 8mm 탄자나이트 4개 / 무늬 핵진주 6mm 코발트블루 12개 / SW 5810 8mm 버건디 6개 / 흑니켈 물결무늬 체인 40cm / 흑니켈 매듭체인 40cm / 흑니켈 오링 12개 / 흑니켈 9핀 24개

How to make

① 오닉스 커팅 10mm 6개를 9핀에 말아준다.

② SW 5810 8mm 버건디 6개를 9핀에 말아준다.

③ 무늬 핵진주 6mm 코발트블루, 체코 디자인 비즈, 무늬 핵진주 6mm 코발트블루를 순서대로 9핀에 말아 6개 준비한다.

④ 무늬핵진주 8mm 탄자나이트 4개, 10mm 탄자나이트 2개를 9핀에 말아준다.

⑤ 그림과 같이 비즈를 연결한 다음 중간중간에 체인으로 연결시켜 주며 마무리한다.

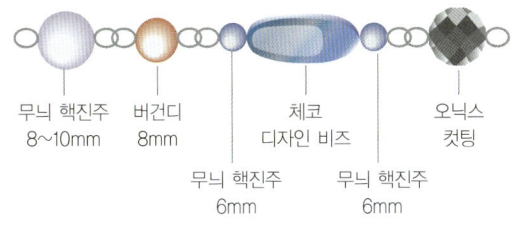

무늬 핵진주 8~10mm | 버건디 8mm | 체코 디자인 비즈 | 오닉스 컷팅
무늬 핵진주 6mm | 무늬 핵진주 6mm

- 무늬 핵진주 10mm
- 체코 디자인 비즈
- 오닉스 커팅 10mm
- 무늬 핵진주 8mm
- SW 5810 8mm 버건디
- 무늬 핵진주 6mm

4~5cm

TIP
오닉스, 무늬 핵진주, 체코 디자인 비즈를 번갈아 연결해 주고, 중간 중간에 두 가지 느낌의 체인으로 변화를 준 작품이다.
9자말이에 익숙해지면 누구나 손쉽게 만들 수 있다.

차분하면서도 사랑스러운 느낌의 앤틱 귀걸이.
싫증나지 않는 디자인으로 고급스러운 멋이 느껴지는 작품이다.

플라워 귀걸이는 주황이나 그린톤의 화려한 블라우스에
포인트를 줄 수 있는 귀걸이로 빛에 따라 다른 색깔을 나타내기
때문에 시선을 끌기에 충분하다.

05 플라워 귀걸이/앤티크 귀걸이

난이도 ★★

재료

플라워 귀걸이 : 6mm 디스크 존킬 AB 12개 / SW 5301 3mm 라이트 올리바인 24개 / SW 5301 3mm 토파즈 AB 4개 / SW 6301 6mm 존킬 2개 / 큐빅 메탈 장식 2개 / OR도금 9핀 2개 / OR도금 귀걸이훅 1쌍 / 집게 2개 / OR도금 오링 2개

앤틱 귀걸이 : 엔틱 메탈 장식 2개 / 무늬 핵진주 8mm 2개 / 무늬 핵진주 6mm 4개 / OR도금 T핀 6개 / OR도금 귀걸이훅 1쌍 / OR도금 오링 4개

How to make

① 꽃 모티브를 그림과 같이 만들고 8번 다음에 크리스털 6개를 한 바퀴 돌려준다.

② 앞쪽과 똑같이 낚싯줄 2줄로 3mm 토파즈 AB를 통과한 후 맞은편 크리스털을 교차한 다음 여러 번 돌려주다가 끊어준다.

③ 9핀에 꽃 펜던트를 통과하여 말아주고 위로는 귀걸이훅, 밑으로는 메탈 장식과 크리스털 6mm를 집게에 연결하여 걸어준다.

6mm 디스크 존킬 AB는 앞뒤 구별이 있기 때문에 잘 구분해서 앞 뒤가 바뀌지 않도록 한다.

① 엔틱 메탈 장식에 무늬 핵진주 6mm 4개를 9자말이해서 연결한 다음, 무늬 핵진주 8mm 2개를 9자말이한 후 오링으로 연결한다.

② 귀걸이훅에 연결하여 마무리한다.

무늬 핵진주 4mm를 포도송이처럼 여러 개 매달면 귀엽고 발랄한 느낌을 준다.

귀걸이 하나만으로도 충분히 생기있는 분위기를
나타낼 수 있다.
어떤 의상에든 잘 어울리며 귀걸이에 포인트를 주고 싶을
때나 시선을 끌고 싶을 때 살짝 코디해 보자.

고급스럽고 차분한 느낌을 주는 디자인으로,
캐주얼보다는 정장에 더 잘 어울리며 갈색톤에 코디하면 좋다.

06 꽈배기 귀걸이 / 센딩 나뭇잎 귀걸이   난이도 ★

재료 **꽈배기 귀걸이** : 3선 꽈배기 메탈 장식 2개 / 산호 컷팅 24개 / OR도금 체인 3cm / OR도금 T핀 2개 / OR도금 오링 2개 / OR도금 귀걸이훅 1쌍
센딩 나뭇잎 귀걸이 : 센딩 나뭇잎 메탈 장식 2개 / SW 5301 3mm 라이트 콜로라도 토파즈 2개 / SW 5301 3mm VM 2개 / SW 5301 3mm 스모키 토파즈 2개 / SW 5301 3mm 도라도 2X 2개 / SW 5810 3mm 진주 브론즈 2개 / 골드 T핀 10개 / 골드 오링 2개 / 골드 귀걸이훅 1쌍 / 235SF 골드체인 6cm

How to make

1. 그림과 같이 산호 컷팅으로 12구를 2개 만들어 둔다.
2. T핀에 12구를 통과하여 9자말이한 후 체인 1.2cm에 연결하여 오링으로 메탈 장식에 걸어준다.

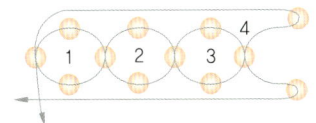

Tip
꽈배기 메탈 장식은 여러 가지로 활용이 가능한데 오른쪽 그림처럼 12구를 매달아도 좋고, 길게 체인을 늘어뜨려 산호 컷팅을 T핀에 걸어 하나하나씩 매달아도 멋스럽다.

1. T핀에 크리스털 4가지, 진주 1가지를 말아서 차례로 체인에 연결한다.
2. 체인을 메탈 장식과 함께 오링으로 연결하여 귀걸이훅을 걸어준다.

Tip
센딩 나뭇잎 메탈 장식의 또다른 활용은 골드체인을 여러 줄 길게 늘어뜨려 중간중간에 크리스털이나 진주 원석 등을 T핀에 걸어 매달아 주는 방법인데, 캐주얼한 차림에 잘 어울린다.

07 장미 원석 귀걸이 / 점토꽃 귀걸이

난이도 ★

 **장미 원석 귀걸이** : 입체 장미 원석 2개 / 납작 산호 4개 / 흑니켈 9핀 4개 / 흑니켈 T핀 2개 / 흑니켈 오링 4개 / 흑니켈 귀걸이훅 1쌍

점토꽃 귀걸이 : 점토꽃 2개 / SW5000 6mm 라이트 로즈 2개 / SW 5301 4mm 라이트 피치 2X 2개 / SW 5301 3mm 라이트 피치 2X 2개 / OR도금 9핀 6개 / OR도금 T핀 2개 / OR도금 귀걸이훅 1쌍

How to make

① T핀에 장미 원석을 9자말이하여 2개 준비한다.
② 납작 산호를 9핀에 말아 4개 준비한다.
③ 그림과 같이 연결하여 귀걸이훅에 걸어준다.

 입체 장미 원석을 고를 때에는 모양이 일정한지 색상이 균일한지 잘 보고 골라야 만들었을 때 작품성이 돋보인다.

오링
납작 산호
오링
입체 장미 원석

① T핀에 3mm 라이트 피치 2X를 9자말이하여 2개 준비한다.
② 4mm 라이트 피치 2X를 9핀에 말아 2개 준비한다.
③ 6mm 축구볼을 9핀에 말아 2개 준비한다.
④ 점토꽃을 9핀에 말아 2개 준비한다.
⑤ 그림과 같이 연결하여 귀걸이훅에 걸어준다.

 점토꽃은 부러질 염려가 있으므로 9자말이할 때 조심해야 한다. 점토꽃에 체인의 길이를 달리하여 5~7개 정도 걸어주면 또다른 멋을 느낄 수 있다.

점토꽃
축구볼 6mm

네잎 클로버가 연상되는 디자인으로,
귀엽고 깜찍해서 젊은층에게 잘 어울리며
캐주얼한 차림에 좋다.

시원한 느낌을 줄 수 있고 동시에 깜찍한 이미지를
살려주는 디자인이다. 12구를 이용한 디자인이라 누구나
쉽게 만들 수 있으며 어떤 의상에도 잘 어울린다.

 12구 귀걸이 / 네잎 클로버 귀걸이   난이도 ★★

재료

12구 귀걸이 : 물고기 小 메탈 장식 2개 / SW5301 3mm 라이트 피치 2X 2개 / 시드비즈 24개 / OR도금 T핀 2개 / OR도금 9핀 2개 / OR도금 귀걸이훅 1쌍

네잎 클로버 귀걸이 : SW 5301 4mm 블루 지르콘 AB 32개 / 시드비즈 14개 / 흑니켈 T핀 2개 / 흑니켈 귀걸이훅 1쌍

How to make

① 시드비즈로 12구를 2개 만들어 준다.

② T핀에 3mm 라이트 피치 2X를 9자말이하여 2개 준비한다.

③ 9핀에 12구를 걸어 ②와 연결해 준다.

④ 그림과 같이 차례로 메탈 장식에 연결하고 귀걸이훅을 걸어준다.

작품의 크기가 작아 보이면 물고기 大 메탈 장식을 사용하면 좋고, 그럴 경우 시드비즈 12구 대신 3mm 크리스털로 12구를 만들어 달아주면 멋스럽다.

시드비즈 12구
화이트 피치 2X

① **네잎 클로버 만들기** : 오른쪽 아래 그림과 같이 연결하고 8번 다음에 매듭을 지어 몇 번 돌려주다가 잘라준다.

② T핀에 시드비즈 7개를 끼운 다음 네잎 크로버 펜던트를 통과해서 9자말이한다.

③ 귀걸이 훅을 연결한다.

T핀에 시드비즈 7개를 끼워넣기 전에 평노즈 플라이어로 T핀을 약간 휘어지게 만든 다음 시드비즈와 네잎 클로버 펜던트를 끼워 생동감 있는 모양을 만든다.

블루지르콘 AB

시드비즈 7개

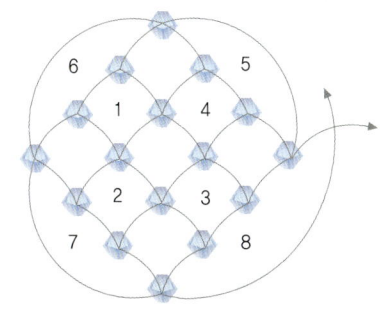

아이보리 셔츠나 목티 위에 화사하고 우아한 분위기를 더해주는 시계 목걸이.
볼론델과 진주 골드체인의 조화가 목걸이줄의 단조로움을 덜어주고 있다.
정장 차림이나 캐주얼 의상에 모두 잘 어울리며 블랙톤 의상 위에 코디하면
차분하고 점잖은 인상을 줄 수 있다.

09 볼론델 목걸이 시계

난이도 ★★★★

 SW 5810 8mm 진주 브론즈 2개 / SW 5810 6mm 진주 브론즈 4개 / SW 5810 4mm 진즈 브론즈 16개 / SW 5301 4mm 토파즈 도라도 28개 / SW 5301 4mm 도라도 2X 16개 / SW 5301 3mm 라이트 콜로라도 토파즈 26개 / 볼론델 8mm 2개 / 볼론델 6mm 2개 / 3mm 파이어폴리쉬 도라도 2X 16개 / 극대비즈 브론즈 16개 / 막대비즈 24개 / 극소비즈 132개 / 골드 체인 90cm / 시계알 1개 / 오링 8개 / 9핀 30개 / 골드 랍스터 1개 / 2호 낚싯줄 120cm

How to make

① **시계 테두리 만들기** : 그림과 같이 1~16번까지 비즈를 연결한다. 16번 다음에 한쪽 낚싯줄로 안쪽 시드를 한 바퀴 돌려준 다음 17번을 진행한다. 매듭짓기 전에 시계를 넣는다.

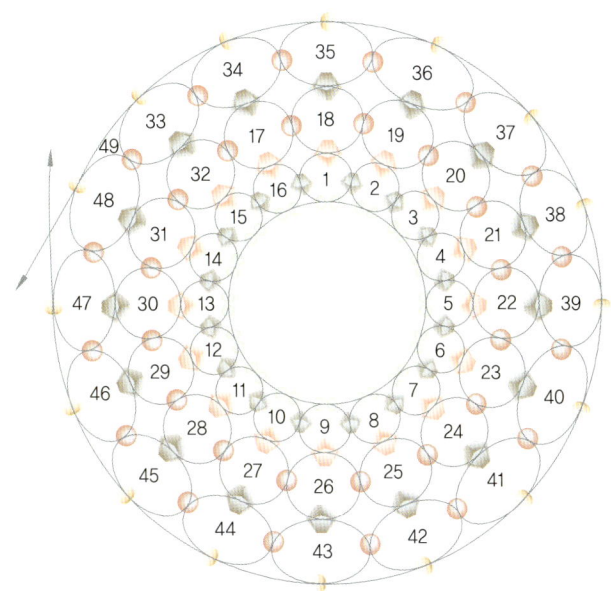

② 오링으로 양쪽에 골드체인을 연결하고 골드체인을 적당한 길이로 자른다.

③ a 연결고리를 24개 만든다.

④ 9핀에 크리스털 볼론델 진주를 오른쪽 그림과 같은 순서로 연결한다.

⑤ 오른쪽 그림과 같이 비즈를 차례차례 연결하여 목걸이줄 양쪽을 똑같게 완성하여 마무리한다.

여성스럽고 화려한 느낌을 주는 손목시계.
팔찌와 시계를 섞어 놓은 듯한 디자인으로 선물하기에 아주 좋다.
진주를 사용하여 착용감이 부드럽고 손목둘레에 맞게
길이를 조절하여 만들면 이 세상에 하나밖에 없는 나만의
시계가 탄생된다.

10 앤티크 손목시계

난이도 ★★

재료 백금 도금 꽃시계 장식 1개 / 캐스팅 장식 AB 6개 / 무늬 핵진주 4mm 마브 32개 / 무늬 핵진주 3mm 라이트 버건디 8개 / 극소비즈 80개 / 2호 낚싯줄 100cm

How to make

1. 낚싯줄에 각각 4mm 무늬 핵진주 2개, 캐스팅 장식 4mm, 무늬 핵진주 2개를 반복하면서 a에서 b까지 연결하여 시계줄을 만든다.
2. 다시 a로 거슬러오면서 양쪽에 극소비즈 5개를 끼워 넣고 3mm 무늬 핵진주에서 교차한다.
3. 양쪽에 극소비즈 5개씩 끼워준 다음 캐스팅 장식을 나란히 통과한다.
4. a에서 매듭지어 접착제를 칠한 후 다시 몇 번 돌려주다가 잘라준다.

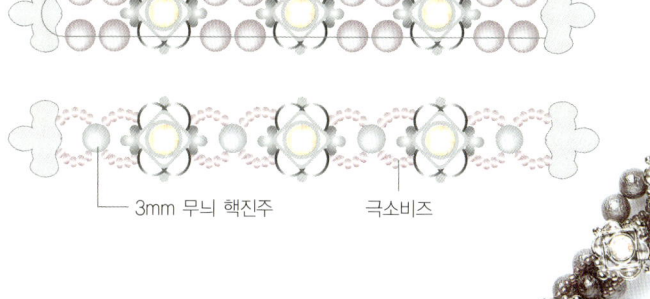

Tip

● ● **진주 이야기**

진주는 예물이나 기념 선물로 많은 사람들에게 호평을 받고 있으며, 건강과 장수 그리고 부귀를 상징하는 6월의 탄생석이다.

빛을 받아 영롱한 초록빛 색상을 발하는 꽃 크리스털과
델리카 비즈의 조합이 손목을 한층 돋보이게 한다.
단색 칠부 또는 반팔 상의에 꽃잎 팔찌를 착용하면 자연스럽게
빛나는 팔찌에 시선이 집중될 것이다.

지르콘 팔찌는 여성스러우면서 세련미가 돋보이는 작품이다.
어떤 의상과도 무난히 잘 어울리며, 특히 블랙이나 브라운, 레드 정장에
코디하면 더욱 빛을 발한다. 고급스런 작품이라 선물로도
적당하고 손목둘레에 맞춰 길이를 조절한다.

지르콘 팔찌 / 꽃잎 팔찌

난이도 ★★★

재료
지르콘 팔찌 : OR도금 양볼 체인 20cm / OR도금 체인 5cm / 18P 줄난 AB 10cm / 줄난 캡(18K) 2개 / 6mm 디스크 라이트 콜로라도 토파즈 16개 / 납작 물방울 지르콘 4mm 시암 2개 / 물방울 지르콘 8mm 라이트 콜로라도 토파즈 1개 / 집게 3개 / OR도금 오링 20개
꽃잎 팔찌 : OR도금 팔찌고리 1개 / SW 3700 6mm 꽃 크리스털 VM 22개 / SW 3700 8mm 꽃 크리스털 VM 1개 / 델리카 비즈 약간 / OR도금 오링 8개 / 6mm 링체인 5cm 정도

How to make

① 18P 줄란 AB 양끝에 줄난 캡을 연결한 다음, 양볼 체인에 그림과 같이 오링으로 걸어준다.

② 체인에 6mm 디스크 라이트를 일정한 간격에 맞춰 오링에 걸어 끼워준다.

③ 집게에 물방울 지르콘 3개를 걸어준 다음 적당한 곳에 연결한다.

④ 팔찌 고리에 연결한 다음 마무리한다.

TIP
체인을 길게해서 목걸이를 만들어 세트로 코디하면 훨씬 멋스럽고, 통일감을 줄 수 있다. 단, 목걸이 길이는 너무 길지 않은 게 좋다.

① 2호 낚싯줄에 델리카 비즈 6개를 끼우고 꽃 크리스털에서 교차한 다음, 다시 델리카 비즈 3개씩 끼우고 델리카 비즈에서 교차한다.

② 아래 그림과 같이 계속 반복하면서 8mm 꽃 크리스털을 중심으로 좌우 a, b, c, d, e, f에서 다시 낚싯줄을 연결하여 그림과 같이 진행한다.

③ 6mm 링 체인에 오링 2개를 연결하고 팔찌고리를 걸어준다.

Point 꽃 크리스털은 앞 뒤 구별이 있기 때문에 교차할 때 앞과 뒤를 구분해서 작품을 만들어야 한다.

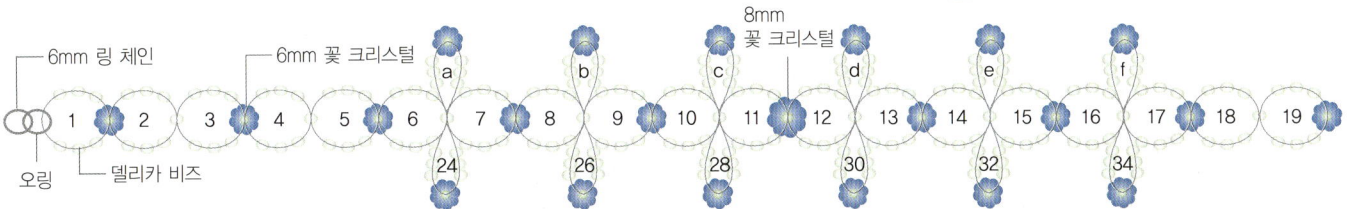

점토꽃과 크리스털이 한데 어우러져 만들어진
브로치가 단아한 정장에 고급스러운 이미지를 더해준다.
벨벳 소재나 공단 등의 다양한 정장에 코디하여
우아함을 연출해 보자.

작품 1

작품 2

12 정장 브로치

난이도 ★★

재료
작품 1 : 점토꽃 5개 / 캡보석 4mm 스모키 토파즈 6개 / SW 6301 6mm 존킬 5개 / SW 5000 6mm 축구볼 버건디 10개 / MIYUKI 시드 No.257 약간 / 벌집판 1세트 / 2호 낚싯줄 90cm
작품 2 : 점토꽃 5개/ 캡보석 AB 4mm 6개 / SW 6301 6mm 제트 5개 / SW 5000 6mm 축구볼 라이트 피치 10개 / MIYUKI 시드 No.257 약간 / 벌집판 1세트 / 2호 낚싯줄 90cm

How to make

1 중심 만들기

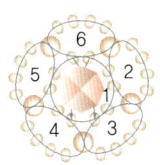

6번에서 중앙에 있는 시드 2개를 낚싯줄을 올려 교차한 후 캡보석을 통과하여 맞은편에 고정시킨다. 벌집판 중앙에 고정시켜 움직이지 않도록 한다.

2 첫째단 만들기

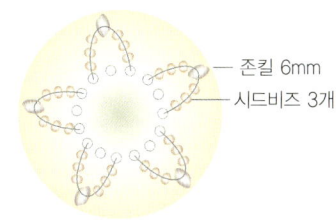
- 존킬 6mm
- 시드비즈 3개

Point 첫째단부터 넷째단까지 사이사이 보이게 배열하는 것이 좋으며, 꽃 높이가 낮은 점토꽃을 선택하는 것이 모양이 예쁘다.

3 둘째단 만들기

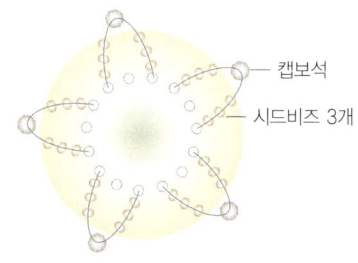
- 캡보석
- 시드비즈 3개

5 넷째단 만들기

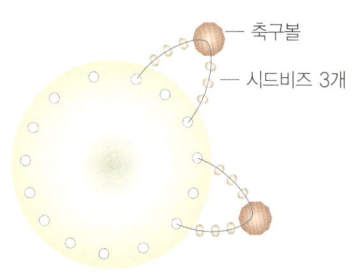
- 축구볼
- 시드비즈 3개

6 마무리하기 : 벌집판 뒤쪽에서 매듭짓고 본드칠하여 뒷판을 붙여 마무리한다.

4 셋째단 만들기

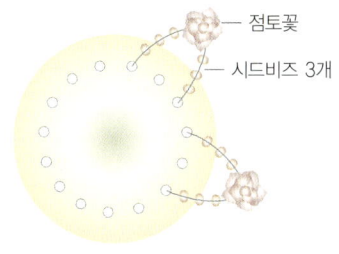
- 점토꽃
- 시드비즈 3개

뒷 면

크리스털과 캡보석, 점토꽃이 어우러져 만개한
꽃 모양의 캐주얼 브로치.
단순한 디자인의 흰색과 진보라색 외투 위에 포인트로 그만이다.
옷과 악세사리 코디의 마무리로 화사한 연출을 시도해 보자.

작품 1

작품 2

13 캐주얼 브로치

난이도 ★★

재료

작품 1 : 벌집판 1세트 / 점토꽃 1개 / SW 5301 4mm 라이트 아메 2X 16개 / SW 5301 3mm 아메 2X 40개 / SW 5810 4mm 마브 8개 / 캡보석 AB 4mm 8개 / 체코 물방울 비즈 8개 / 초록, 분홍, 보라 시드 약간 / 2호 낚싯줄 100cm

작품 2 : 벌집판 1세트 / 점토꽃 1개 / sw 5301 4mm 시암 사틴 16개 / SW 5301 3mm 도라도 2X 40개 / SW 5810 4mm 브라이트 골드 8개 / 캡보석 AB 4mm 8개/ 체코 물방울 비즈 8개 / 브론즈 시드비즈 약간 / 2호 낚싯줄 100cm

How to make

1 코사지 고정하기

밑에서 매듭을 짓고 한쪽 낚싯줄을 a부분에서 올려 코사지 꽃을 거친 후 b부분으로 내려 중심을 잡아준다.

2 첫째단 만들기

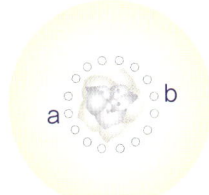
— 시드비즈
— 크리스털 3mm
— 시드비즈 5개

3 둘째단 만들기

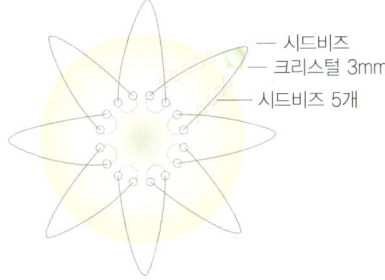
— 캡보석
— 시드비즈 8개

4 셋째단 만들기

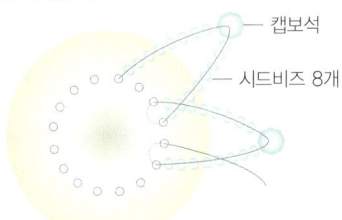
— 체코 물방울 비즈
— 크리스털 3mm
— 시드비즈 7개

5 넷째단 만들기

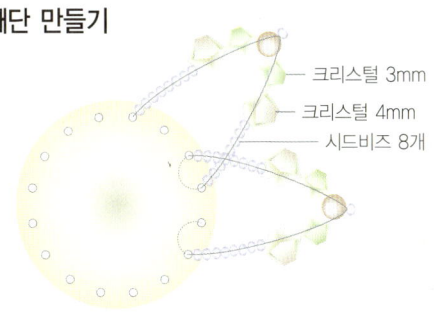
— 크리스털 3mm
— 크리스털 4mm
— 시드비즈 8개

6 마무리하기 : 벌집판 밑으로 낚싯줄을 보낸 후 매듭을 두세 번 묶고 잘라낸다. 그 위에 본드를 칠하고 뒷판을 붙여 마무리한다.

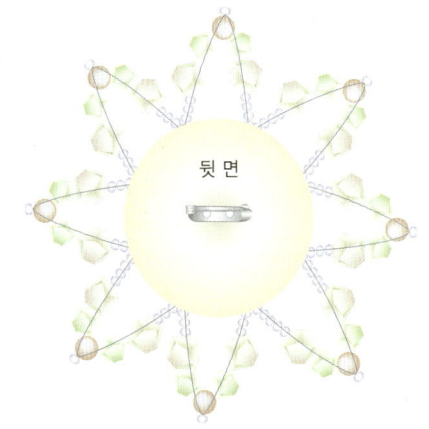

뒷 면

45

무늬 핵진주 머리핀은 긴 머리를 올리거나 반 묶음할 때
유용하게 쓰이는 디자인이다.
특히 여름에 하면 시원해 보여서 좋고 아기자기한 느낌과 아울러
여성스러운 분위기가 느껴진다.

단정하고 깔끔한 느낌을 주는 검정꽃 머리핀.
가넷 원석의 배합이 고급스러움을 더해주며 어떤 헤어스타일에도
무난히 잘 어울린다.

14 검정꽃 헤어핀 / 무늬 핵진주 헤어핀 난이도 ★

재료

검정꽃 헤어핀 : 복주머니 지르콘 9mm 7개 / 가넷 원석 4mm 15개 / 가넷 원석 2mm 14개 / 핀대 1개 / 3호 낚싯줄 70cm

무늬 핵진주 헤어핀 : 핀대 1개 / SW 5301 3mm 몬타나 2X 28개 / 무늬 핵진주 6mm 라이트 블루 13개 / MIYUKI 시드 No.19 80개 / 2호 낚싯줄 70cm

How to make

① 그림과 같이 1~16번까지 연결하고 17번에서 한 바퀴 돌려준 다음 머리핀대에 고정시켜 낚싯줄로 여러 번 통과시켜 움직이지 않게 한다.

② 모양을 예쁘게 정리한 다음 매듭짓고 접착제를 살짝 발라준다.

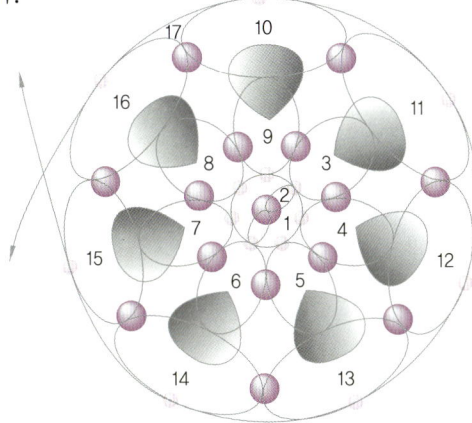

복주머니 지르콘 9mm
가넷 원석 4mm
가넷 원석 2mm

Point 복주머니 지르콘이 움직이지 않도록 두세 번 돌려주면 모양이 예쁘게 된다.

① A구멍으로 낚싯줄을 꺼낸 다음 다시 밑으로 보내 매듭을 짓고 시작한다.

② 오른쪽 아래 그림에서 보듯이 a(시드비즈 2개, 몬타나 2X 2개, 시드비즈 2개)를 하고 나서 밑으로 돌려주고 다시 낚싯줄로만 한 바퀴(b) 돌려준 다음 c를 진행한다.

③ c, d에 들어가는 무늬 핵진주는 한 개이며 c(시드비즈 2개, 무늬 핵진주, 시드비즈 2개), d(시드비즈 2개, c에서 넣어준 무늬핵진주, 시드비즈 2개)를 하고 나서 다시 낚싯줄로만 한 바퀴(e) 돌려준다.

④ 규칙적으로 반복하며 메꾸어 나가다가 끝부분에서 매듭을 지은 후 접착제를 발라 말린 다음 잘라준다.

무늬핵진주 6mm

a b c d e

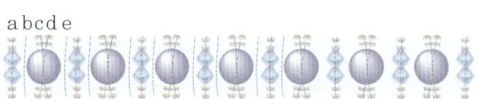

세 가지 색의 배합으로 화려하면서도 우아한 반지.
모임이나 파티 행사에 초대되어 멋을 내고 싶을 때
반지로 포인트를 주는 것도 좋다.

차분하고 클래식한 분위기의 사각 지르콘 반지.
앙증맞게 속삭이는 듯한 아이의 미소만큼이나
귀엽고 순수한 멋이 풍긴다.

15 플라워 반지 / 사각 지르콘 반지

난이도 ★★

재료
플라워 반지 : 납작 물방울 지르콘 시암 5개 / 납작 물방울 지르콘 존킬 5개 / 납작 물방울 지르콘 올리바인 5개 / 시드비즈 약간 / 반지대 1세트 / 2호 낚싯줄

사각 지르콘 반지 : 사각 지르콘 라이트 콜로라도 토파즈 1개 / SW 5810 3mm 진주 브론즈 19개 / SW 5301 3mm 젯넛 2X 8개 / 극소 시드비즈 브론즈 약간 / 2호 낚싯줄 50cm

How to make

① 2호 낚싯줄로 아래 그림처럼 엮은 다음 풀리지 않게 돌려준다.
② 반지대에 낚싯줄로 움직이지 않게 고정시켜 모양을 만들어준다.
③ 1번과 10번에 지르콘 1개씩 넣어 구멍을 메꾸어준다.
④ 매듭 짓고 접착제를 칠하여 반지 밑판에 붙여 마무리한다.

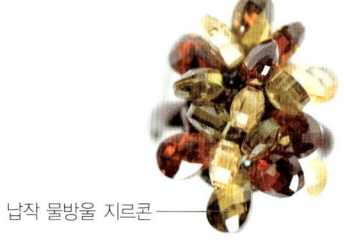
납작 물방울 지르콘

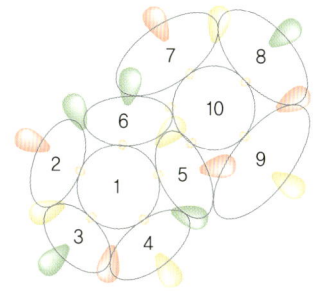

① 아래 그림과 같이 8번까지 끝내고 나서 한쪽 낚싯줄로 한 바퀴 돌려주면 단단해진다.
② A부분에서 반지고리를 만드는데 손가락 두께에 맞춰 B부분에 연결하여 교차한 후 다시 A부분까지 되돌아와서 매듭 짓고 돌려서 마무리한다.
③ 반지고리를 만들 때 진주로 교차했기 때문에 더 고급스럽고 착용감이 좋다.

사각 지르콘

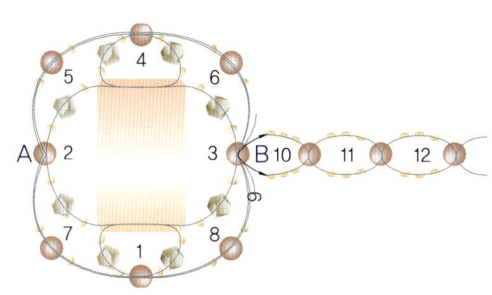

세련되고 고급스러운 느낌의 나비 핸드폰 고리.
모던한 디자인이라 싫증이 나지 않으며,
선물하기에 손색이 없다.

신비로운 이미지를 풍기는 불꽃놀이 핸드폰 고리.
심플해 보이지만 볼수록 새로운 느낌을 주는 디자인이다.

16 나비 핸드폰 고리/불꽃놀이 핸드폰 고리

난이도 ★

재료
나비 핸드폰 고리 : 핸드폰 줄 1개 / 나비 크리스털 존킬 5개 / 은색 시드비즈 약간 / 6090 루비 22mm 1개 / 2호 낚싯줄 50cm
불꽃놀이 핸드폰 고리 : 체코 물방울 드롭 루미아메 12개 / SW 5301 6mm 아메 AB 2개 / SW 5301 4mm 라이트 아메 2X 2개 / SW 5301 3mm 라이트 로즈 사틴 3개 / MIYUKI 시드 No.460 약간 / 흑니켈 T핀 1개 / 흑니켈 9핀 1개 / 3호 낚싯줄 40cm / 핸드폰 줄 1개

How to make

① 루비 펜던트에 낚싯줄을 걸어 좌우 4개씩 시드비즈를 끼운 후 나비 크리스털을 넣는다.

② 나비 크리스털 5개를 반복해서 끼운 후 마무리하여 핸드폰 고리를 연결한다.

TIP 루비와 나비 크리스털의 멋진 조화가 돋보이는 작품으로, 자기가 원하는 색상을 달리하여 특별하게 만들어보는 것도 좋다.

나비 크리스털 존킬
시드비즈 4개
루비 22mm

① **펜던트 만들기** : 매듭 후 시드비즈 4개를 각각 한 바퀴 돌려 단단하게 만들어준다.

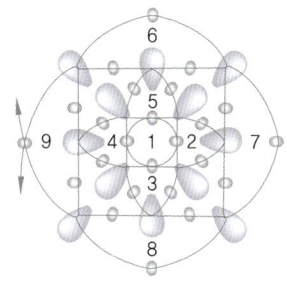

② **T핀, 9핀 연결하기** : T핀에 3mm 크리스털, 펜던트, 3mm 크리스털을 넣고 9자말이한 다음 긴 9핀에 6mm 크리스털, 시드 2개, 4mm 크리스털, 시드 2개, 3mm 크리스털, 시드 2개, 4mm 크리스털, 시드 2개, 6mm 크리스털을 순서대로 넣고 9자말이한다.

③ 핸드폰고리에 오링으로 연결하여 마무리한다.

Point 체코 물방울 드롭 루미아메 대신에 물방울 모양의 다른 재료를 써도 상관없다.

크리스털 6mm
크리스털 4mm
크리스털 3mm
체코 물방울 드롭 루미아메

밋밋한 가방에 정성스럽게 만든 까메오 가방고리를 달아보자.
전혀 다른 분위기를 연출할 수 있다.
취향에 따라 까메오를 선택해서 나만의 독특한 이미지를
살릴 수도 있다.

17 까메오 가방 고리

난이도 ★★★

재료: 까메오 1개 / SW 5810 4mm 진주 브라이트 골드 22개 / SW 5810 3mm 진주 파우더 아몬드 52개 / SW 5301 4mm 존킬 사틴 26개 / SW 5301 3mm 존킬 AB 26개 / SW 5301 3mm 라이트 콜로라도 토파즈 22개 / SW 5301 3mm 스모키 토파즈 26개 / 흑니켈 비드팁 1개 / 흑니켈 오링 大 1개 / 흑니켈 키링 1개 / 2호 낚싯줄 150cm

How to make

① **까메오 앞면, 뒷면 감싸기** : 그림과 같이 까메오를 감싸는데 22번 다음에 한쪽 줄로 시드비즈 1개씩 끼우면서 한 바퀴 돌려준 후 23번을 진행한다. 44번까지 진행한 다음에 23~44번의 크리스털을 한 바퀴 돌려 까메오를 넣고 단단하게 조여준 후 마무리하고 다시 낚싯줄을 1번에서 시작하며 옆모양을 만든다.

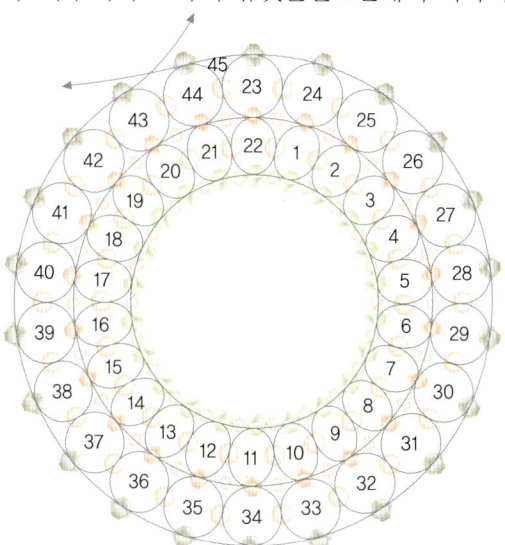

- 1~22번까지는 앞면
- 23~44번까지는 뒷면
- 46~67번까지는 옆모양

까메오
시드비즈

② **옆 테두리 만들기**

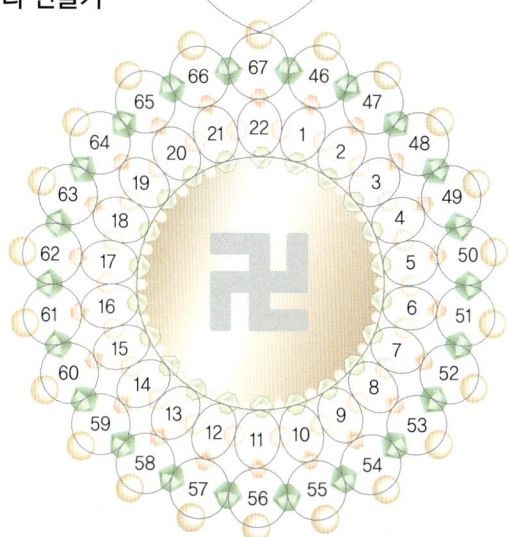

③ **고리 만들기**

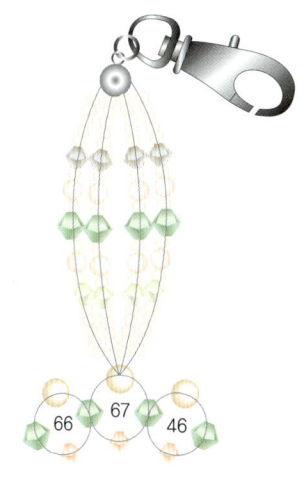

53

정장보다는 캐주얼 백에 잘 어울리며
어떤 색깔에든 무난한 디자인이다.
단순하면서도 포인트를 줄 수 있는 가방고리로
센스있게 연출해 보자.

18 코튼볼 가방 고리

난이도 ★

재료 코튼볼 12mm 2개 / 캐스팅캡 4개 / 체코 물방울 드롭 코코아 6개 / OR도금 9핀 2개 / OR도금 오링 6개 / OR도금 키링 1개 / OR도금 체인 약간

How to make

① 코튼볼 2개를 캐스팅 캡을 씌워 9핀에 연결한다.

② 체코 물방울 드롭의 한쪽에 오링을 걸어서 3개를 연결한다.

③ 오링에 체인 줄의 길이를 다르게 하여 코튼볼 두 개를 연결한 후 오링을 키링에 연결한다.

캐스팅캡
코튼볼
체코 물방울 드롭 코코아

beads
jewelr

세 번째 이야기

마음 가득, 정성 가득
공들인 비즈 선물

네크라인 니트 소재의 옷을 입으면 목걸이가 한층 돋보인다.
아이보리 목티 위에 하는 것도 괜찮다. 가벼워 보이지 않는 하트 펜던트가
눈길을 끌고 트위스트 막대비즈와 잘 어울린다.

01 입체 하트 목걸이

난이도 ★★★

 SW 5301 4mm 버건디 69개 / SW 5801 8mm 진주 버건디 3개 / 트위스트 막대비즈 80개 / MIYUKI 시드 No.454 328개 / 신주버니시 비드팁 2개 / 신주버니시 랍스터 1개 / 3호 낚싯줄 150cm

How to make

① 6개의 시드비즈를 중심으로 6각을 완성하다 보면 그림처럼 하트 모양이 된다. 이것을 뒷면도 똑같이 진행하면 6각 입체 하트를 만들 수 있다.

② 매듭 짓기 전에 6개의 비즈에 있는 빈 공간을 8mm 진주로 메꿔 주면 입체적인 느낌을 더할 수 있다.

③ 8번 위쪽에 있는 시드비즈 A에 낚싯줄을 걸고 양쪽에 시드비즈 2개씩 끼워준 다음 맞은편 38번 위쪽에 있는 시드 B에서 교차한 후 양쪽에 시드 12개를 끼워 맞은편에서 다시 교차하여 펜던트 고리를 만든다.

④ 펜던트 고리에 낚싯줄 두 줄을 걸어 시드비즈 2개, 막대 트위스트 1개씩 번갈아 넣어주고 막대비즈 5개마다 크리스털 1개를 넣어 두 줄이 만나도록 변화를 주며 길이를 완성한다.

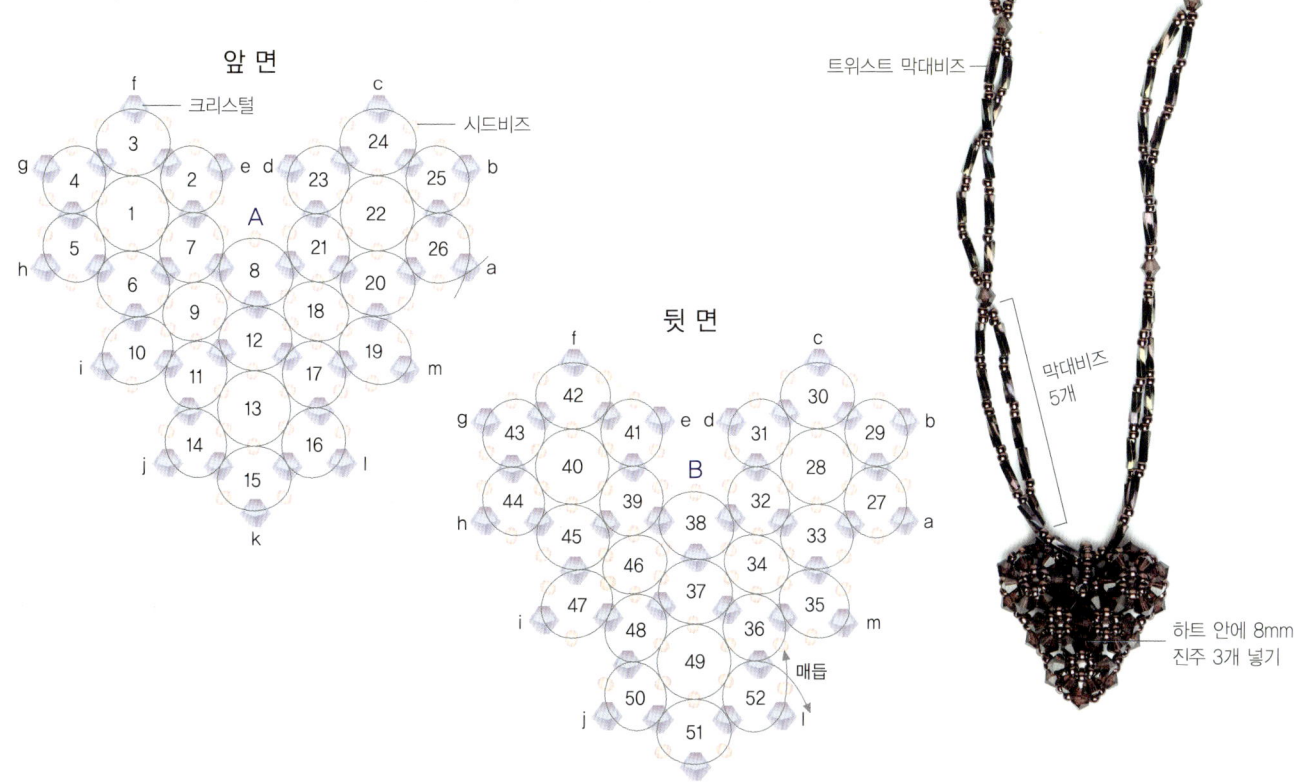

처음 비즈를 배우는 사람도 손쉽게 만들 수 있는 디자인.
단순하면서도 은은한 아름다움을 지니고 있다.
핑크톤이나 검정톤의 단색 원피스나 니트에 잘 어울리며
앞 잠금으로 마무리해서 편하게 착용할 수 있다.

 하트 장식 목걸이

난이도 ★

재료 하트 장식 1개 / 무늬 핵진주 로즈 10mm 1개 / 무늬 핵진주 로즈 8mm 6개 / 무늬 핵진주 로즈 6mm 2개 / SW 5810 4mm 진주 버건디 8개 / OR도금 T핀 2개 / OR도금 9핀 13개 / 6mm 링체인 70cm

How to make

1. 무늬 핵진주 8mm를 9핀에 말아 7개 준비한다.
2. 4mm 진주 버건디를 9핀에 말아 8개 준비한다.
3. T핀에 6mm 무늬 핵진주를 9자말이하여 2개 준비한다.
4. 하트 장식을 놓고 좌우로 6mm 링 체인과 9자말이한 무늬 핵진주를 연결하면서 원하는 길이를 완성한다.
5. 하트 장식 아래쪽으로 무늬 핵진주 로즈 10mm를 9자말이하여 연결해 주고 4mm 진주 버건디, 6mm 링 체인, T핀에 말아놓은 진주를 두 줄로 이어준다.

무늬 핵진주 로즈 8mm
진주 버건디 4mm
하트 장식
무늬 핵진주 로즈 10mm
무늬 핵진주 로즈 6mm

TiP

핵진주는 패션 주얼리로 많은 사람들의 사랑을 받고 있으며 색상은 분홍색, 크림색, 황금색, 보라색, 청색 등 다양하지만 자신의 피부톤에 맞는 색상을 선택하는 것이 좋다.

다양한 비즈가 세 줄로 꼬여 있어서
볼륨감이 있고 단조로움을 덜어주는 디자인이다.
브라운이나 회색, 버건디 컬러와 매치하면
고상하고 색다른 멋이 느껴진다.

03 진주 꼬임 목걸이

난이도 ★★

 체코 호안석 달팽이 8개 / 컬러 담수 진주 44개 / 바로크 진주 7개 / MIYUKI 시드 No.21 627개 / 흑니켈 비드팁 2개 / 흑니켈 아가타 랍스터 1개 / 낚싯줄 240cm

How to make

① a줄은 시드비즈 5개 간격으로 컬러 담수 진주 9개를 꽂은 다음 체코 호안석 달팽이 8개, 바로크 진주 7개를 시드비즈 5개 간격으로 엮어 나간다.

② b줄은 컬러 담수 진주 16개를 시드비즈 15개 간격으로 엮어준다.

③ c줄은 컬러 담수 진주 10개를 시드비즈 25개 간격으로 엮어준다.

④ a, b, c를 각각 다 만든 다음 마무리하기 전에 머리 땋듯이 땋아 완성한다.

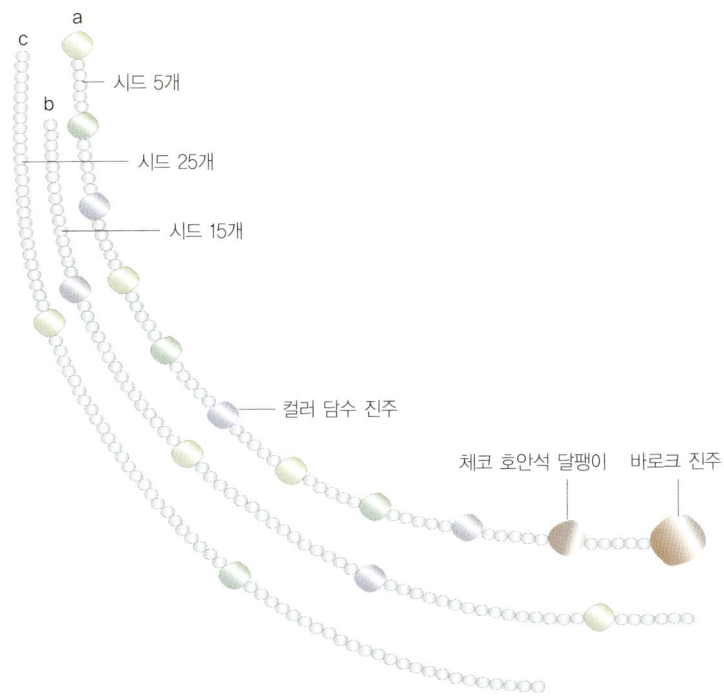

누구나 손쉽게 만들 수 있으며 비즈를 3줄로 엮어
목걸이줄에 볼륨감을 준 디자인이다.
어떤 의상과도 무난히 잘 어울리며 여름 니트 위에 길게
늘어뜨리면 신비스럽게 시원스러움을 느낄 것이다.

04 자개 십자가 목걸이

난이도 ★

재료 자개 십자가 펜던트 1개 / 연수정 라운드 30개 / MIYUKI 시드 No.21 780개 / 흑니켈 비드팁 2개 / 흑니켈 아가타 랍스터 1개

How to make

① 그림처럼 순서대로 진행하다가 매듭 짓기 전에 십자가에 연결하여 펜던트 고리를 만들어 준다.

② A에 낚싯줄 3줄을 걸어준 다음 각각 시드비즈 10개를 꿰고 연수정 라운드 하나를 같이 넣어주며 13번 반복한다.

③ 3줄의 낚싯줄을 비드팁에 끼워넣고 비즈 1개를 넣어 매듭을 진 다음 접착제를 발라 비드팁을 닫아준다.

④ 비드팁을 흑니켈 아가타 랍스터에 연결시켜 준다.

연수정 라운드

MIYUKI 시드 No.21

자개 십자가 펜던트

TIP

비즈공예용으로 여름철에 인기가 좋은 자개는 십자가 모양, 나뭇잎 모양, 하트 모양, 라운드 모양, 네모 모양 등 다양하다.

자신이 원하는 디자인으로 시원스럽고 멋스럽게 코디해 보자. 자개만으로도 훌륭한 소재가 될 수 있고 크리스털, 진주와도 잘 어울리므로 적절히 활용해 보자.

별모양으로 크리스털을 엮은 다음 가운데에 진주를 받쳐주고
그 주위를 캡보석으로 탄탄하게 메꿔주어 우아함을 더한 디자인이다.
고급스럽고 점잖은 느낌을 주며 블라우스 위에 코디하면 한층 생기 있어 보인다.
소중한 마음의 선물을 전하고 싶을 때 정성스레 준비해 보자.

05 별 캡보석 2줄 목걸이

난이도 ★

재료 SW 5810 10mm 진주 브론즈 1개 / SW 5810 6mm 진주 브론즈 4개 / SW 5301 4mm 페리도라도 57개 / 캡보석 5mm 스모키 토파즈 10개 / MIYUKI 시드 No.459 530개 / 신주버니시 비드팁 2개 / 신주버니시 아가타 랍스터 1개 / 3호 낚싯줄 200cm

How to make

1. 아래 그림과 같이 크리스털 10개를 넣고 교차한 다음, 10mm 진주를 넣고 맞은편 크리스털에 교차한 후 번호대로 진행하여 별 펜던트를 만든다.(1~17번)

2. 캡보석을 안쪽 오각 10개 위에 차례로 얹는데 시드비즈 1개씩 넣고 캡보석에서 교차한 다음 다시 시드비즈 1개씩 넣어 밑에서 교차한다.(18~27번)

3. A에 3mm 낚싯줄 2줄을 걸어 오른쪽 그림과 같이 시드비즈, 막대비즈, 진주, 크리스털을 넣어가며 목걸이 줄을 완성한다.

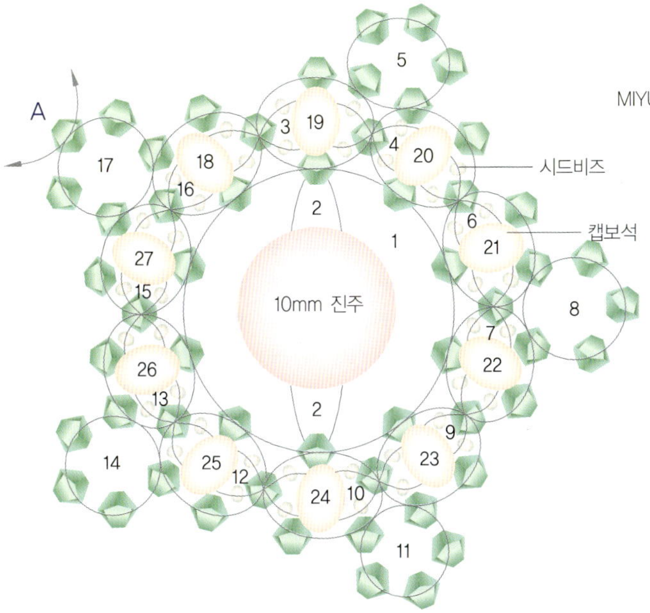

편안하고 부드러운 인상을 주며 미색이나 옅은 갈색의
정장 차림에 은은한 분위기를 자아내는 디자인이다.
크리스털과 론델이 섞여 있어서 고급스럽고 품위 있어 보인다.
뭔가 특별한 나만의 센스를 발휘하여 세상에 하나밖에 없는
선물을 만들어 보자.

06 크리스털 원통 론델 목걸이

난이도 ★★★

재료 SW 5301 3mm 라이트 콜로라도 토파즈 AB 63개 / SW 5301 3mm 스모키 토파즈 사틴 62개 / SW 5301 4mm 라이트 피치 사틴 12개 / 론델 6mm 골드 2개 / SW 5301 6mm 스모키 토파즈 AB 2개 / MIYUKI 시드 No.457 200개 / 흑니켈 비드팁 2개 / 흑니켈 아가타 랍스터 1개 / 2호 낚싯줄 100cm / 피아노줄 40cm

How to make

① 2호 낚싯줄로 하단 그림과 같이 62번까지 엮은 다음 두 줄로 쭉 맞은편까지 낚싯줄을 보낸다.

② 낚싯줄을 살짝 잡아당겨 원통 모양의 펜던트를 다음 그림처럼 모양을 잡아준 후 매듭지어 여러 번 돌려준다.

③ 피아노줄에 원통 모양의 펜던트를 넣고 양쪽으로 각각 론델, 축구볼 6mm, 시드비즈 20개, 4mm 크리스털, 론델, 4mm 크리스털을 번갈아 넣어주며 마무리하여 완성한다.

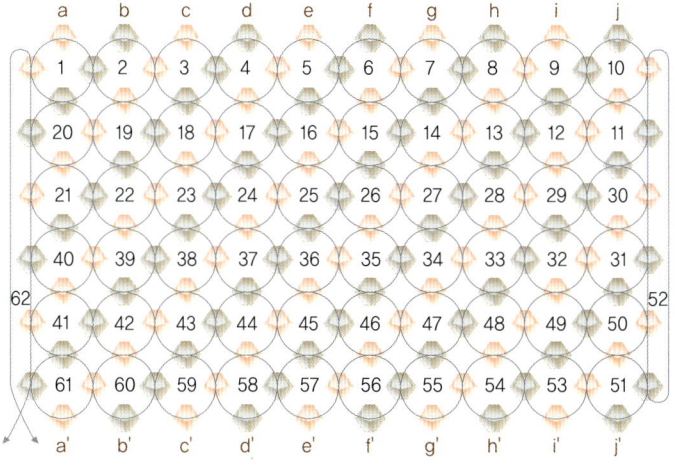

*a~j와 a'~j'는 동일 크리스털임.

심플한 디자인이지만 하트 램프의 고급스럽고 은은한 색상이 단조로움을 덜어 준다. 여성스러운 느낌과 중후한 아름다움을 선사하며 얇은 소재의 쉬폰 블라우스와 매치하면 한층 돋보인다. 웃어른에게 화사한 베네치아 하트 목걸이를 선물하여 젊어질 수 있는 기회를 만들어 보자.

 베네치아 하트 목걸이

난이도 ★

 베네치아 하트 18mm 1개 / 베네치아 하트 14mm 2개 / SW 5301 6mm 라이트로즈 2X 18개 / MIYUKI 시드 No.12 172개 / OR도금 비드팁 2개 / OR도금 아가타 랍스터 1개 / 3호 낚싯줄 110cm

How to make

1. 낚싯줄에 시드 하나를 중심에 밀어 넣은 다음, 두 줄을 모아 베네치아 하트 18mm, 시드비즈 3개를 넣는다.
2. 양쪽 낚싯줄에 6mm 크리스털 1개, 시드비즈 12개, 6mm 크리스털 1개, 시드비즈 12개, 6mm 크리스털을 넣는다.
3. 시드비즈 3개, 베네치아 하트 14mm, 시드비즈 1개를 넣고 다시 베네치아 하트 14mm, 시드비즈 3개를 거슬러 올라온다.
4. 6mm 크리스털, 시드비즈 12개를 반복하며 자신이 원하는 길이로 만든다.
5. 비드팁을 넣고 시드비즈 하나를 넣어 두세 번 매듭짓고 비드팁을 달아준다.
6. 랍스터를 연결하면 완성된다.

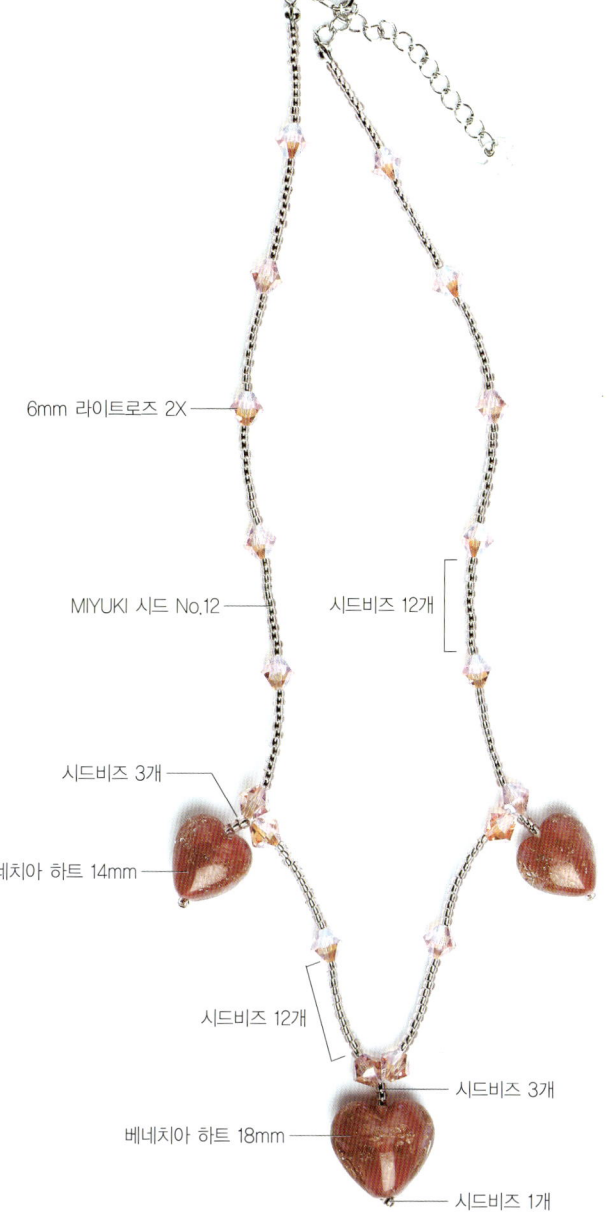

에메랄드 색상의 목티나 조끼 위에 코디하면 멋스럽다.
멀티 원석의 색상보다 옅은 계열의 의상 위에 매치하면
훨씬 돋보이고 세련된 느낌을 준다.

 도너츠 원석 목걸이

난이도 ★

재료 도너츠 원석 1개 / 멀티 원석 12mm 1개 / 멀티 원석 10mm 16개 / 신주버니시 캡 34개 / 신주버니시 장식 8개 / 신주버니시 토글바 1세트 / 신주버니시 오링 (중) 2개 / 신주버니시 오링 (소) 16개 / 시드비즈 약간

How to make

① **펜던트 고리 만들기** : 시드비즈로 도너츠 원석의 구멍에 맞게 링을 만들어 연결한다.

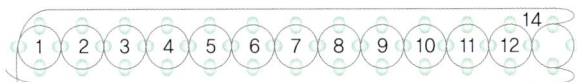

② 도너츠 원석에 연결하여 고리를 만들어 준 다음 양쪽에 시드비즈 3개씩 넣고 신주버니시 캡, 멀티 원석, 신주버니시 캡을 넣고 시드비즈 6개를 넣어 매듭한다.

③ 9핀에 신주버니시캡, 멀티 원석 10mm, 신주버니시 캡을 차례로 넣어 말아서 16개 준비한다.

④ 그림과 같이 O링으로 신주버니시 장식과 ③을 두 개씩을 넣어주며 양쪽 4회 반복하여 마무리한다.

신주버니시 캡

신주버니시 장식

멀티 원석 10mm

멀티 원석 12mm

도너츠 원석

흰색이나 아이보리 블라우스에 목걸이와 반지 세트를 코디하면
훨씬 돋보이고 우아한 느낌을 줄 수 있다.
선물 받을 누군가를 떠올리며 비즈 하나 하나를 엮어나가다 보면
어느새 미소가 얼굴 가득 번질 것이다.

09 마블링볼 목걸이, 반지 세트

난이도 ★★

재료 마블링볼 8mm 2개 / 마블링볼 7mm 8개 / 마블링볼 4mm 74개 / 18mm 스톤 AB 1개 / 14mm 스톤 AB 1개 / 파이어폴리시 3mm 버건디 22개 / 극대비즈 브론즈 22개 (MIYUKI 시드 No.725) / MIYUKI 시드 No.3 192개 / OR도금 비드팁 2개 / OR도금 랍스터 1개 / 3호 낚싯줄 180cm

How to make

① 아래 그림과 같이 12번까지 진행한 후 안쪽 중심을 한 바퀴 돌려 단단하게 조여준 후 바깥쪽에는 시드비즈 하나씩 넣으면서 한 바퀴 돌려준 다음 15번을 진행한다.

② 27번 극대비즈를 한두 바퀴 돌려 스톤을 넣은 다음 몇 번 돌려주다가 마무리한다.

③ 오른쪽 그림과 같이 3호 낚싯줄을 통과시켜 목걸이줄 만들 준비를 한다. 양쪽에 시드비즈와 마블링볼을 크기별로 넣어가며 목걸이줄을 완성한다.

④ 반지는 목걸이 만들 때와 똑같이 하는데 마블링볼 10개로 시작한다.

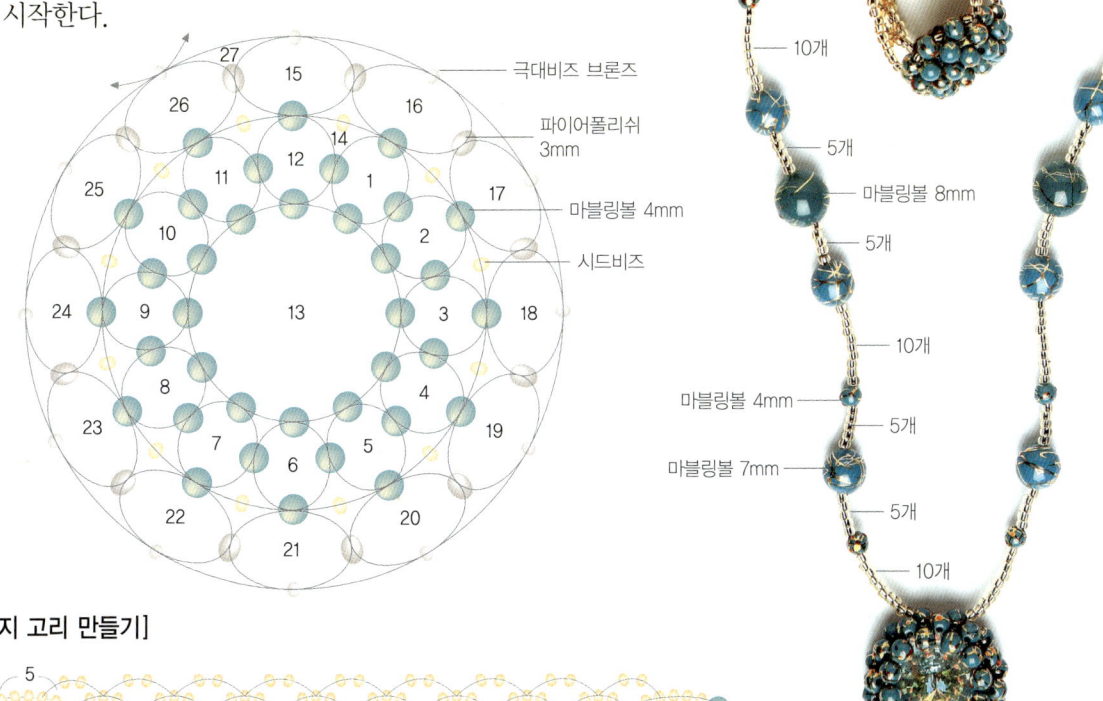

[반지 고리 만들기]

10번까지 갔다가 다시 1번으로 되돌아오면서 바깥쪽 그림처럼 반지 고리를 완성한다.

검정이나 그레이 컬러에 코디하면 고급스러워 보인다.
크리스털과 진주의 색감이 묘한 조화를 이루며,
크리스털의 빛이 반사되어 신비감을 더해주는 디자인이다.
어버이날이나 생신을 앞두고 그동안의 고마움을 목걸이에 담아보자.
더없이 좋은 선물이 될 것이다.

10 진주 크리스털 교차 목걸이

난이도 ★★★

재료 무늬 핵진주 6mm 라이트그레이 23개 / 무늬 핵진주 4mm 라이트그레이 57개 / SW 5301 3mm VM 89개 / MIYUKI 시드 No.21 / OR도금 T핀 1개 / OR도금 9핀 1개 / OR도금 랍스터 1개 / OR도금 비드팁 2개

How to make

1. 그림과 같이 32번까지 진행한 다음 매듭지어 여러 번 돌려 펜던트를 만든다.

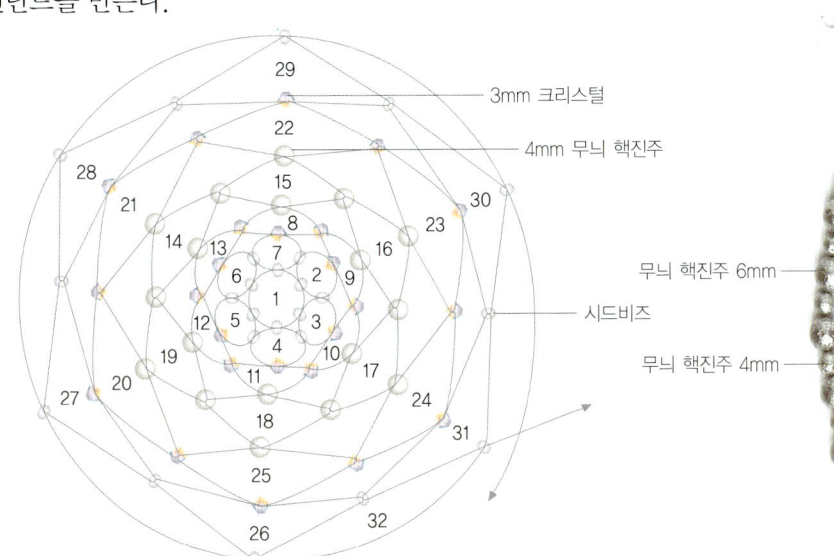

2. 낚싯줄 2호를 ❶의 a부분에 걸어 양쪽 시드 2개씩 넣고 시드 1개 교차하고 다시 시드 2개를 넣은 후 b에서 교차하면서 한 바퀴 돌려준다.

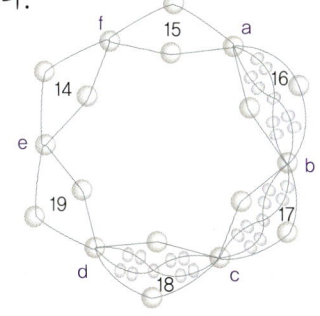

3. 9핀에 4mm 무늬 핵진주, 펜던트, 4mm 핵진주를 말아준 다음 아래쪽에는 T핀에 6mm 무늬 핵진주, 4mm 무늬 핵진주, 3mm 크리스털 VM을 넣어 9자말이한 것을 걸어준다.

4. 3호 낚싯줄 2줄을 9핀 고리에 걸어 오른쪽 그림과 같이 만들어 양쪽 목걸이줄을 완성한다.

시원스러운 느낌을 주며 동일계열의 의상에 코디하면
더욱 돋보일 것이다.
절친한 친구나 직장 동료에게 내가 만든 터키석 목걸이와
귀걸이로 깜짝 선물을 선사하자.

11 터키석 목걸이, 귀걸이 세트

난이도 ★★

물방울 터키석 1개 / 타원 터키석 7개 / SW 5301 3mm 블루 지르콘 16개 / 막대 체인 20cm / 비즈공예용 OR도금 0.02mm 와이어 40cm / OR도금 아가타 랍스터 1개 / OR도금 귀걸이훅 1쌍

How to make

막대 체인

블루 지르콘

타원 터키석

물방울 터키석

① 비즈공예용 OR도금 0.02mm 와이어로 물방울 터키석을 그림과 같이 말아준다.

Point 양쪽을 말아줄 때는 한쪽을 먼저 라운드 로즈로 모양을 만들어 주고 나서 터키석을 끼워넣고 나머지 한쪽을 같은 방법으로 말아준다. (14쪽 참조)

a. 와이어를 구멍에 넣는다.
b. 양끝을 모으는데 라운드 노즈 플라이어로 긴쪽 와이어를 적당한 간격을 두고 눌러 동그랗게 한 바퀴 둘러주고 밑부분에서 3~4번 감아준 후 남은 부분을 잘라낸다. (14쪽 참조)

② 와이어를 적당한 길이로 잘라 한쪽 끝을 물방울 터키석 고리에 걸어 라운드 노즈 플라이어로 말아준 다음 타원 터키석을 넣고 와이어를 말아준다.

③ 양쪽을 똑같이 3mm 크리스털, 타원 터키석을 순서대로 와이어로 2개씩 말아준다.

④ 크리스털 3mm 5개를 연속해서 와이어로 연결한 다음 막대 체인을 원하는 길이로 잘라 연결한다.

⑤ OR도금 아가타 랍스터를 O링으로 연결하여 마무리한다.

● ● **터키석 이야기**

터키석은 행운과 성공을 상징하는 12월의 탄생석이며, 세계에서 가장 오래된 보석 장식품이다. 스스로 구입한 것보다 선물로 받는 것이 더욱 더 큰 행운을 불러온다고 한다.

아이보리색이나 갈색 컬러의 앙고라 티에 잘 어울리며, 밍크 코트 등
따뜻한 소재의 외투 안에 코디하면 여성스럽고 큐트한 이미지를 풍길 수 있다.
친구나 직장 동료의 생일에 받는 사람과 어울리는 색감으로
정성스레 만들어 보자.

12 아라고나이트 목걸이, 귀걸이 세트 난이도 ★★

 아라고나이트 16개 / 꽃모양 지르콘 9개 / MIYUKI 시드 No.3 / 2호 낚싯줄 180cm / OR도금 랍스터 1개

How to make

① 그림과 같이 a를 먼저 만들고 6번 교차하기 전에 아라고나이트를 넣어준 다음 b를 만들고, 다시 a를 만들어 교차하기 전에 아라고나이트를 넣어 마무리 한다.

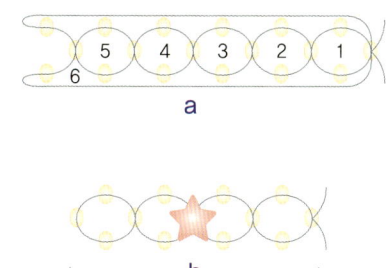

② 오른쪽 그림과 같이 목걸이줄을 a→b→a로 진행 한다.

③ 뒤쪽에는 ⭐ (꽃모양 지르콘) 대신에 시드비즈 하나를 넣어 완성하였다.

[귀걸이 만들기]

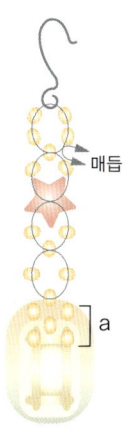

아이들이 좋아하는 디즈니 만화 캐릭터로 포인트를 준 디자인.
빨간색 타원 안에 살짝 돋보이는 미키가 귀엽고 깜찍하다.
다양한 색상의 면티나 원피스에 코디하면 전체적으로 조화가 잘 되어
생동감 있게 보인다.

13 미키마우스 팬던트 목걸이

난이도 ★

재료 SW 5301 3mm 제트헤마타이트 24개 / 산호 3mm 58개 / 시드비즈 120개 / OR도금 오링 3개 / 미키 펜던트 1개 / OR도금 비드팁 2개 / OR도금 스냅클래습 1개 / 피아노줄 40cm

How to make

1. 피아노줄에 산호 3mm 30개를 넣고 오링을 끼워 넣으면서 교차한다.
2. 교차한 오링에 미키마우스 펜던트를 달아준다.
3. 양쪽 피아노줄에 각각 비즈 10개씩 넣고 산호와 크리스털을 번갈아가며 오른쪽 그림과 같이 끼워 넣는다.
4. 다시 시드비즈 10개씩 넣고 산호와 크리스털을 번갈아 끼우고 원하는 길이만큼 시드비즈로 채워준다.
5. 비드팁에 마감볼을 넣고 평노즈로 마감볼을 눌러준 후 여분의 피아노줄은 잘라내고 접착제를 발라준다.
6. 평노즈로 비드팁을 달아준 후 O링으로 스냅클래습에 연결하여 완성한다.

40개
10개
제트헤마타이트 3mm
10개
산호 3mm 30개

TiP

아이들 목걸이는 너무 길지 않게 하는 것이 좋다. 목에 알맞게 맞아야 모양이 예쁘고 귀여운 느낌이 든다.

잎사귀의 색상과 점토꽃의 조화가 멋스럽고 크리스털과도 잘 어우러진다.
같은 계열의 블라우스나 아이보리, 노란색 면티 등
어떤 옷에든 무난하며 깨끗하고 은은한 분위기를 연출할 수 있다.
아이에게 플라워 목걸이를 선물하면 하루종일 즐거워할 것이다.

14 플라워 목걸이

난이도 ★★

재료 체코 프레스 비드 잎사귀 6개 / 점토꽃 1개 / SW 5301 3mm 페리도트 2X 64개 / SW 5301 3mm 후시아 16개 / MIYUKI 시드 No.351 38개 / OR도금 오링 2개 / OR도금 랍스터 1개 / 2호 낚싯줄 120cm

How to make

① 잎사귀 6개를 낚싯줄에 일정하게 걸어주고 6번째 꽃잎을 교차시킨 후 꽃을 통과하여 맞은편 꽃잎에 교차시켜 단단하게 묶고 몇 번 돌려주다 끊어준다.

② 잎사귀 사이에 낚싯줄을 걸어 시드 1개를 쭉 밀어 고정시킨 후 양쪽에 비즈 10개씩 넣고 3mm 크리스털 페리도트 2X를 넣고 3mm 후시아에서 교차시킨다.

③ 다시 3mm 페리도트 2X를 넣고 후시아에서 교차를 반복하면서 목걸이에 맞춰 길이를 조절한다.

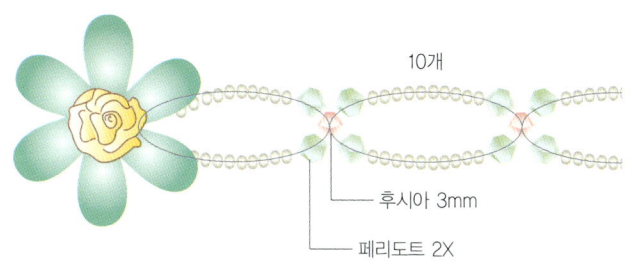

동화속에 나오는 팅커벨 요정의 귀엽고 앙증맞은 분위기를 살려 만든 디자인.
아이들이 좋아하는 깜찍한 팅커벨 인형 목걸이로 아이들을 동화속으로 초대해 보자.
계절에 상관없이 언제나 잘 어울리며,
색상을 달리해 만들어도 더없이 좋은 선물 중의 하나가 될 것이다.

15 팅커벨 인형 목걸이

난이도 ★★★

재료: SW 5301 6mm 라이트 피치 2X 4개 / SW 5301 4mm 라이트 피치 2X 20개 / SW 5301 3mm 화이트 오팔 2X 14개 / SW 5301 3mm 라이트 로즈 10개 / SW 5000 6mm 축구볼 크리스탈 AB 1개 / OR도금 T핀 1개 / OR도금 비드팁 2개 / OR도금 오링 2개 / 스냅 클래습 1개 / 2호 낚싯줄 150cm

How to make

① 아래 그림과 같이 2, 3번은 인형의 팔이고 10, 13번은 인형의 발이다. 발을 아래쪽으로 향하게 하면서 마무리한다.

② 매듭짓기 전에 T핀에 3mm 크리스탈 하나를 끼워 1번 안쪽에서 바깥쪽을 향해 Ⓐ를 만든 후 매듭처리한다.

[모자 만들기]

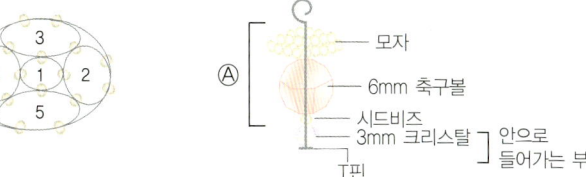

③ 인형 펜던트에 낚싯줄을 걸어 3mm 크리스탈 비즈 20개를 넣은 후 오른쪽 그림과 같이 양쪽을 마무리하여 완성한다.

가을을 겨냥해 만든 디자인으로 목둘레의 단조로움을
막기 위해 나뭇잎으로 풍성함을 주었다.
캐주얼 차림에 더 잘 어울리며, 나들이나 여행을 떠날 때
코디해 주는 센스를 발휘하자.

16 단풍잎 목걸이

난이도 ★

재료 장미 원석 1개 / 체코 단풍잎 그린 투톤 6개 / 체코 단풍잎 레드 두톤 4개 / SW 5301 4mm 토파즈 AB 10개 / MIYUKI 시드 No.307 185개 / MIYUKI 시드 No.311 146개 / 2호 낚싯줄 140cm / 흑니켈 아가타 랍스터 1개

How to make

① 장미 원석에 시드비즈로 고리를 만들어준 다음 낚싯줄 2줄을 끼워준다.

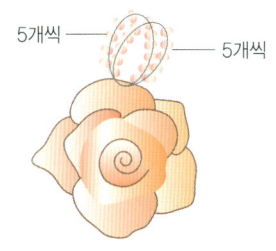

5개씩 — 5개씩

② 한쪽 낚싯줄에 좌우로 주황색 비즈 4개, 크리스탈 1개, 주황 비즈 4개, 다른쪽 낚싯줄에 그린톤 비즈 10개를 걸어준 후 두 줄을 모아 단풍잎을 연결하여 다음 그림과 같이 완성한다.

시드 4개 시드 10개
시드 4개

③ 좌우에 단풍잎 5개씩 끼우고 나서 다음과 같이 마무리한다.

교차한 다음 한쪽 낚싯줄에 시드비즈 11개를 끼우고 다른쪽 낚싯줄과 만나 묶어서 돌려준 후 잘라준다.

매듭 후 여러 번 돌려주다가 끊어준다.
MIYUKI 시드 No.311
MIYUKI 시드 No.307
4mm 토파즈 AB
체코 단풍잎 레드 투톤
체코 단풍잎 그린 투톤
장미 원석

beads

jewelr

네 번째 이야기

특별한 날을 기념하기 위한 나만의 센스

남보라색 블라우스나 원피스에 잘 어울리는 하트 목걸이와 귀걸이.
생일을 맞이하여 화려한 변신을 원한다면
하트 목걸이, 귀걸이 세트로 우아하고 멋스럽게 코디해 보자.

01 하트 목걸이, 귀걸이 세트

난이도 ★★

재료 사각 지르콘 6×6 8개 / SW 6202 14mm 하트 8개 / 무늬 핵진주 탄자나이트 10mm 1개 / MIYUKI 시드 No.310 400개 / 나비집게 OR도금 2개 / 리본 큐빅 2개 / 흑니켈 비드팁 2개 / 흑니켈 아가타 랍스터 1개 / 2호 낚싯줄 100cm

How to make

1) 다음 그림과 같이 1번에서 6번까지 연결한 다음 1번의 하트와 교차하면 동그란 꽃 모양이 만들어진다.

2) 10mm 무늬 핵진주를 양쪽 낚싯줄로 통과한 후 맞은편 하트에서 교차한다.

3) 앞뒤 각각 시드비즈 24개씩을 한 바퀴 돌려 단단하게 조여준 후 마무리한다.

4) 낚시줄 2줄을 뒷쪽 시드 4개에 걸어준 다음, 양쪽 목걸이줄을 오른쪽 그림과 같이 완성한다.

[귀걸이 만들기]

1) 14mm 하트를 나비집게로 연결하여 O링으로 리본 큐빅에 걸어준다.

2) 리본 큐빅 위쪽에 귀걸이훅을 연결하여 완성한다.

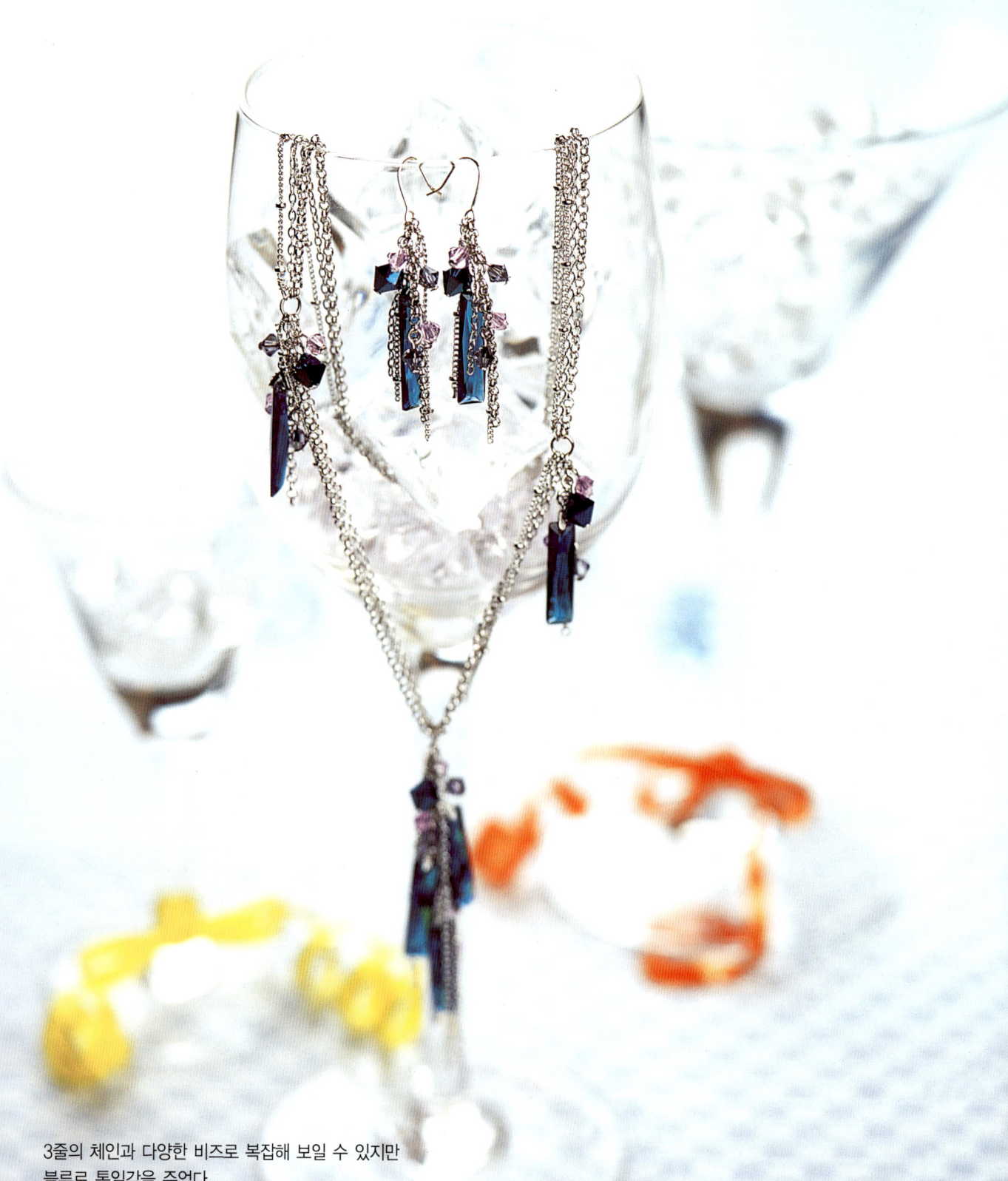

3줄의 체인과 다양한 비즈로 복잡해 보일 수 있지만
블루로 통일감을 주었다.
생일을 맞이한 날 하루만큼은 맘껏 튀어도 좋다는 생각으로
막대지르콘 목걸이, 귀걸이 세트를 하고 약속 장소에 나가보자.
같은 톤의 의상을 갖춰 입으면 고상하고 품위 있어 보인다.

02 막대지르콘 목걸이, 귀걸이 세트 난이도 ★★★★★

재료 막대지르콘 카프리 블루 7개 / SW 5301 6mm 메탈리 블루 2X 7개 / SW 5301 4mm 바이올렛 사틴 13개 / SW 5301 4mm 바이올렛 13개 / 볼체인 OR도금 50cm / 2mm BL체인 OR도금 50cm / 235 SP체인 OR도금 50cm / 집게 7개 / 뒷장식 OR도금 1세트 / 귀걸이훅 OR도금 1쌍 / 오링 中 OR도금 5개 / 오링 小 OR도금 7개

How to make

① 막대지르콘 7개를 집게로 연결해 둔다.
② 6mm 크리스털과 4mm 크리스털을 9핀에 말아둔다.
③ 적당한 길이의 체인에 막대지르콘, 6mm 크리스털, 4mm 크리스털을 다음 그림과 같이 모양새 있게 연결해 준다.
④ O링으로 체인 3줄에 연결하여 뒷장식을 걸어준다.

[목걸이 만들기]

[귀걸이 만들기]

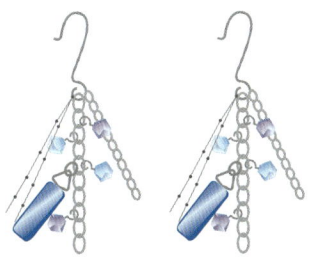

화려하고 우아한 분위기를 연출할 수 있으며
프리메탈리코를 사용하여 독특한 매력을 이끌어 낸다.
막대비즈의 풍부한 색채감과 큐브 VM의
절묘한 조화가 돋보이며,
파스텔톤 실크 셔츠에 코디하면 여성스러운
분위기가 연출된다.

03 프리메탈리코 목걸이, 귀걸이 세트

난이도 ★★

재료 8mm 큐브 VM 3개 / 4mm 큐브 VM 11개 / SW 5301 3mm 파파라샤 16개 / 막대비즈 24개 / MIYUKI 시드 No. 311 48개 / 235 SP체인 OR도금 30cm / 프리메탈리코(금색, 카키, 그린) 각 10cm / T핀 3개 / 9핀 19개 / 귀걸이 훅 OR도금 1쌍 / 아가타 랍스터 OR도금 1개

How to make

1. 프리메탈리코 세 가지를 똑같은 길이로 자른 후 비즈공예용 OR도금 와이어로 가운데를 감아 고리를 만든다.

2. 긴 원통 막대비즈와 시드비즈로 아래 그림과 같은 모양을 8개 만든다.

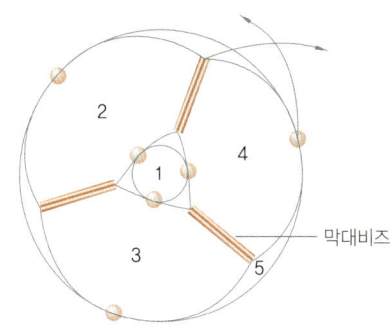
막대비즈

3. 8mm 큐브 VM을 T핀에 걸어 3개를 준비한다.
4. 4mm 큐브 VM을 9핀에 걸어 11개를 준비한다.
5. 체인을 1~5cm씩 같은 길이로 잘라 8개 준비한다.
6. 오른쪽 그림과 같이 준비해 놓은 비즈를 차례차례로 연결하여 목걸이와 귀걸이를 완성한다.

프리메탈리코는 이탈리아산 신소재 제품으로 은과 동이 혼합된 재질로 짜여진 것이다.
볼륨감이 있어서 어떤 모양이든 자유자재로 연출할 수 있는 장점이 있다.

막대비즈
235 SP체인 OR도금
3mm 파파라샤
4mm 큐브 VM
8mm 큐브 VM
프리메탈리코

깔끔한 정장이나 벨벳, 코듀로이 의상에 잘 어울리며
클래식한 분위기에 여성스러운 느낌이 가미된 멋스러운 디자인이다.
블랙이나 그레이는 물론이고 짙은 에메랄드 계열의 의상이나
자주빛 의상과도 무난하게 잘 어울어진다.

04 검정꽃 목걸이

난이도 ★★

 지르콘 9mm 복주머니 모양 11개 / 가넷 원석 4mm 27개 / 가넷 원석 2mm 16개 / 집게 3개 / 1:3 휘가로 흑니켈 체인 8cm / 흑니켈 오링 (중) 13개 / 흑니켈 오링 (소) 10개 / 흑니켈 T핀 10개 / 벨벳 끈 35cm / 흑니켈 꽃모양 토글바 1개 / 누름판 2개 / 3호 낚싯줄 70cm

How to make

1. 벨벳 끈 중앙 1cm 정도를 검정실로 시침질하여 당겨주면 U 모양이 된다. 그 위에 꽃모양 펜던트 만든 것을 얹고 움직이지 않도록 실로 꿰맨다.
2. 아랫쪽 중앙에 오링을 걸어 체인 3개를 연결한 다음, 복주머니 모양 지르콘을 집게로 연결해 걸어준다.
3. 목걸이 좌우 벨벳 끈에 일정한 간격으로 바늘로 구멍을 뚫어준 다음 오링을 건다. T핀에 가넷 원석 4mm를 말아서 연결해 준다.
4. 목 길이에 맞춰 벨벳 끈을 자른 후 누름판으로 마무리하고 토글바에 연결한다.

[꽃모양 펜던트 만들기]

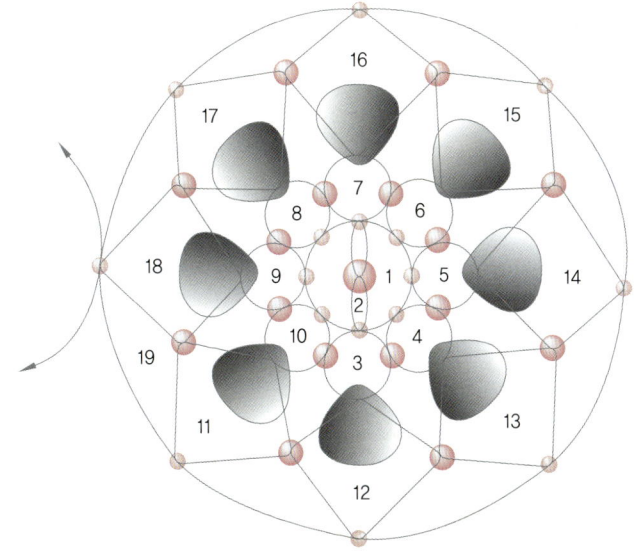

가넷 원석 4mm

지르콘 9mm 복주머니 — 가넷 원석 2mm — 가넷 원석 4mm

1.8cm — 2cm
2.8cm

전체적으로 화사하고 풍성한 느낌을 주는 작품이다.
레드나 블랙 톤의 원피스에 더없이 잘 어울리며,
파티에 입을 드레시한 의상에 포인트를 주면 한층 고조된
분위기를 자아낼 수 있다.

05 샹들리에 목걸이

난이도 ★★★★★

재료: 팔각버튼 크리스털 1개 / 타원 변형 축구볼 블랙다크 코팅 11개 / SW 5301 4mm 시암 사틴 27개 / SW 5301 3mm 파파라샤 사틴 28개 / 파이어폴리시 3mm 브론즈 10개 / MIYUKI 시드 No.257 26개 / 극소비즈 120개 / 1:3 휘가로 신주버니시 체인 80cm / 신주버니시 T핀 7개 / 신주버니시 9핀 27개 / 신주버니시 오링 7개 / 신주버니시 랍스터 1개

How to make

1. **펜던트 앞면·뒷면 만들기**: 다음 그림과 같이 비즈를 연결한 후 매듭 짓기 전에 팔각버튼 크리스털을 넣고 돌려준다.

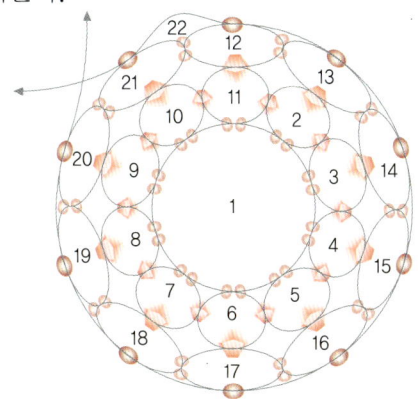

2. **옆 테두리 만들기**: 11번에 2호 낚싯줄을 다시 걸어 23~32번까지 진행한다.

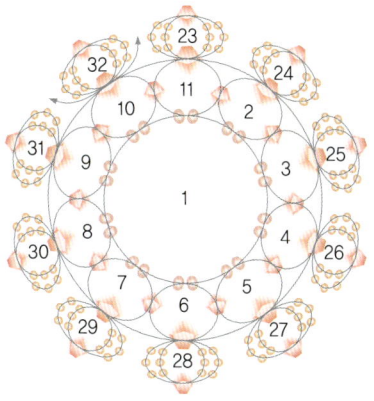

3. 오른쪽 그림과 같이 아래쪽에 타원 변형 축구볼 3개를 체인에 걸어 달아주고, 양쪽 목걸이 줄을 그림과 같이 완성하여 마무리한다.

타원 변형 축구볼 블랙다크 코팅

6.5cm

3~3.5cm

3~3.5cm

팔각버튼 크리스털

단순한 기법을 이용하여 만든 디자인이지만
파티복에 코디하면 세련되고 정돈된 느낌을 선사할 것이다.
블라우스나 셔츠 위에 길게 늘어트려도 멋스럽다.

06 트위스트 목걸이, 귀걸이 세트

난이도 ★★

재료 트위스트 풍뎅이 13개 / 타원 변형 축구볼 핑크 클라우드 12개 / SW 5301 4mm 후시아 14개 / SW 5301 3mm 후시아 6개 / MIYUKI 시드 No.336 12개 / 흑니켈 체인 30cm / 흑니켈 9핀 15개 / 흑니켈 T핀 6개 / 흑니켈 오링 3개 / 흑니켈 랍스터 1개 / 흑니켈 귀걸이 훅 1쌍

How to make

① 다음 그림과 같이 3번 교차한 후 위 아래 한 바퀴씩 더 돌려주어 단단하게 A를 만든다.

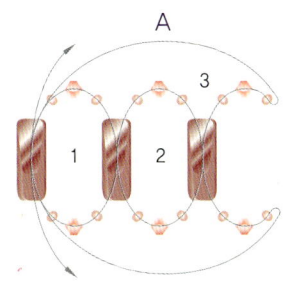

② 9핀에 4mm 크리스털, A, 4mm 크리스털을 9자말이하여 중심 펜던트를 만들어 준다.

③ 타원 변형 축구볼을 9핀에 말아 12개 준비하여 목걸이줄에 사용한다.

④ 9핀에 4mm 크리스털, 트위스트 풍뎅이, 4mm 크리스털을 넣고 6개 말아두어 목걸이줄에 사용한다.

⑤ T핀에 타원 변형 축구볼, 트위스트 풍뎅이를 각각 걸어 4개씩 준비하여 펜던트 아랫쪽과 귀걸이에 사용한다.

⑥ 중심 펜던트 아래쪽에 오링을 걸어 체인 4줄을 연결하여 타원 변형 축구볼과 트위스트 풍뎅이 2개씩 달아 준다.

⑦ 오른쪽 그림을 보고 목걸이 줄을 완성하여 마무리한다.

블랙이나 블루 등 벨벳 소재의 의상에 잘 어울리며
클래식한 분위기가 엿보인다.
음악회나 각종 모임에 착용하면 차분하면서도 돋보이는 디자인.
은은한 여성스러움과 로맨틱한 이미지를 풍기고 있다.

07 앤티크 캡보석 목걸이

난이도 ★★★

재료 담수 진주 332개 / 3mm 캡보석 골드 AB 20개 / 까메오 신주버니시 1개 / 볼론델 1개 / 레이스 15cm 정도 / 신주버니시 비드팁 2개 / 신주버니시 오링 3개 / 신주버니시 T핀 1개 / 신주버니시 9핀 1개 / 아가타 랍스터 1개 / 2호 낚싯줄 130cm / 고정볼 4개

How to make

1. 레이스를 홈질하여 실을 잡아당겨 모양을 둥글게 만들어 준다.
2. 레이스는 그림판 뒤에 접착제로 고정시켜 30분 정도 눌러 준다.
3. T핀에 10mm 진주, 9핀에 볼론델을 오링으로 그림판에 연결한다.
4. 좌우에 낚싯줄 2개씩을 걸어 고정볼로 눌러준 다음 그림과 같이 담수 진주를 개수대로 넣어준다.
5. 캡보석에서 교차하면서 원하는 길이의 목걸이줄을 완성한다.

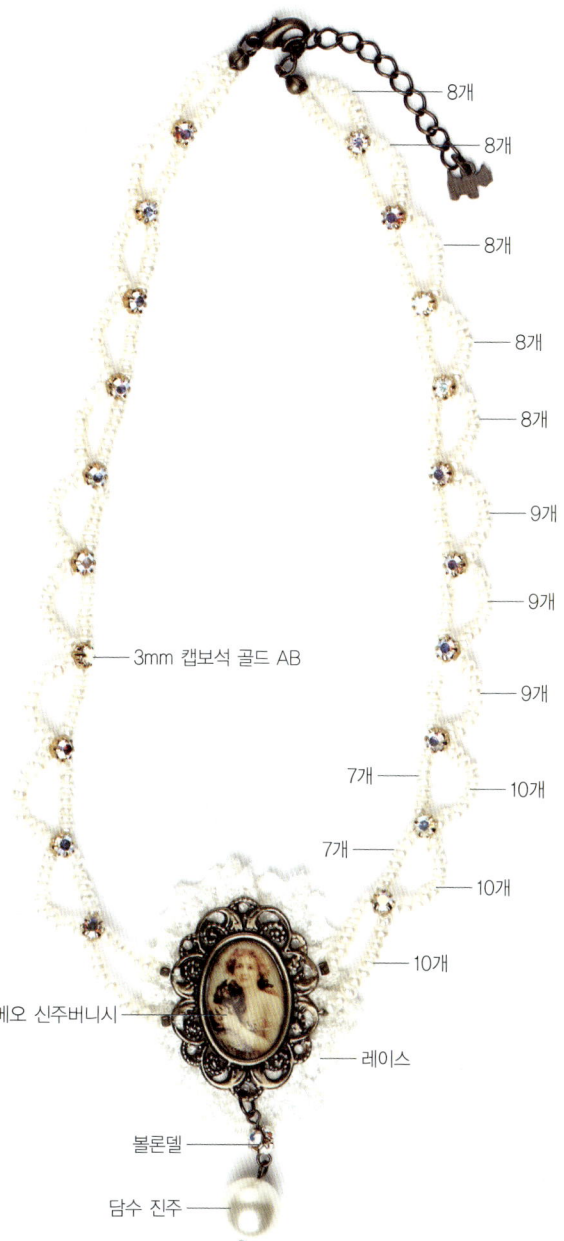

그레이톤 정장이나 니트에 코디하면 세련되고
당당한 이미지를 줄 수 있다.
모임이나 행사에 차분한 클래식 목걸이, 귀걸이 세트로
생기있는 나만의 감각을 발휘해 보자.

08 클래식 목걸이, 귀걸이 세트

난이도 ★★

재료 SW 5301 4mm 제트 헤마타이트 2X 110개 / SW 6000 15mm 제트 3개 / SW 6000 13mm 제트 4개 / MIYUKI 시드 No.401 80개 / 오링 5개 / 9핀 4개 / 집게 5개 / 귀걸이 훅 신주버니시 1세트 / 신주버니시 비드팁 2개 / 신주버니시 랍스터 1개 / 피아노줄 40cm / 낚싯줄 20cm

How to make

① 아래 그림과 같이 1~10번까지 낚싯줄로 모티브를 만든다.

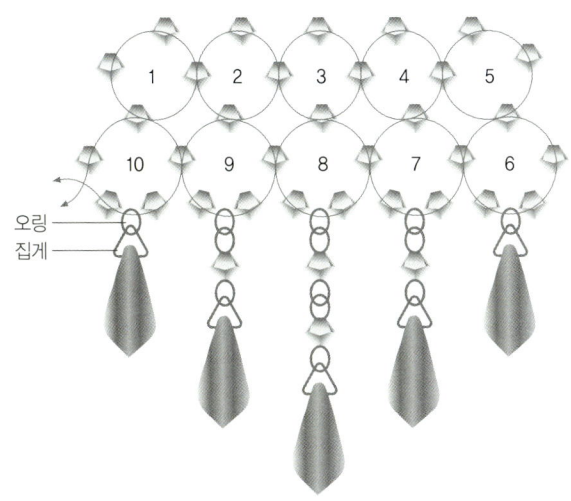

② 위의 그림과 같이 5개의 펜던트를 아래는 집게, 위는 오링으로 연결하여 달아준다.

③ 피아노줄을 모티브 1~5 위쪽의 크리스털 5개에 걸어준다.

④ 목걸이줄은 양쪽을 똑같이 크리스털로 번갈아가며 길이에 맞게 끼워 마무리한다.

[귀걸이 만들기]

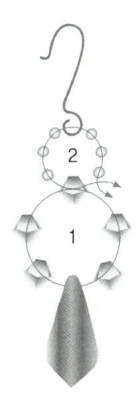

13mm 제트

15mm 제트

밋밋하고 심플한 목티 위에 생동감을 줄 수 있는 디자인.
브라운 계열의 의상이나 올리바인 계열의 단색에 매치하면
신비스러운 느낌을 준다.
여름에 미술관 나들이 갈 때나 가벼운 외출 시
멋스럽게 코디하면 경쾌한 느낌을 준다.

09 거북등 비즈 목걸이

난이도 ★★

 인도 램프 비즈 2개 / 디자인 비즈 거북등 10개 / 디자인 비즈 거북등 (소) 20개 / SW 5810 4mm 후시아 AB 35개 / 신주버니시 체인 6.5cm / 신주버니시 T핀 20개 / 신주버니시 9핀 12개 / 신주버니시 아가타 랍스터 1개

How to make

① 4mm 후시아 AB, 디자인 비즈 거북등, 4mm 후시아 AB를 순서대로 9핀에 10개를 말아준다.

② 아래 그림과 같이 펜던트 부분은 체인 한 구멍에 T핀으로 연결한 크리스털 4mm 1개와 거북등 비즈 2개씩을 넣고, 맨 처음과 마지막에는 거북등 비즈 1개, 크리스털 1개만 연결한다.

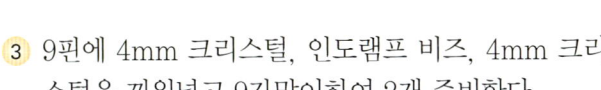

③ 9핀에 4mm 크리스털, 인도램프 비즈, 4mm 크리스털을 끼워넣고 9자말이하여 2개 준비한다.

④ ❷의 양끝에 ❸을 좌우 하나씩 연결하여 준다.

⑤ 좌우 똑같이 디자인 비즈 거북등과 크리스털 4mm 9자말이한 것을 연결하여 랍스터에 이어주면 목걸이가 완성된다.

쉬폰 소재의 블라우스에 화려한 포인트로 연출하면 좋다.
카키색이나 주황색 계열의 옷에 코디하면
한결 우아하고 여성스러운 이미지를 더할 수 있다.

10 세 송이 꽃 목걸이

난이도 ★★

재료 디자인 비즈 풍뎅이 6개 / 2mm 매화석 162개 / 점토꽃 3개 / SW 5301 4mm 올리바인 6개 / SW 5301 4mm 페로도트 2X 12개 / 흑니켈 꼬임 체인 27cm / 흑니켈 9핀 6개 / 흑니켈 T핀 4개 / 흑니켈 아가타 랍스터 1개 / 육각판 3개

How to make

1. 꽃송이는 육각판 중앙에 점토꽃을 고정시킨 다음, 첫째단에 2mm 매화석 5개씩 6번 감아준다.
2. 바깥단에 매화석 2개, 크리스털 4mm 1개, 매화석 2개를 끼워준 후 6번 진행한 다음, 뒤편에서 매듭지어 마무리한 후 접착제를 발라준다.

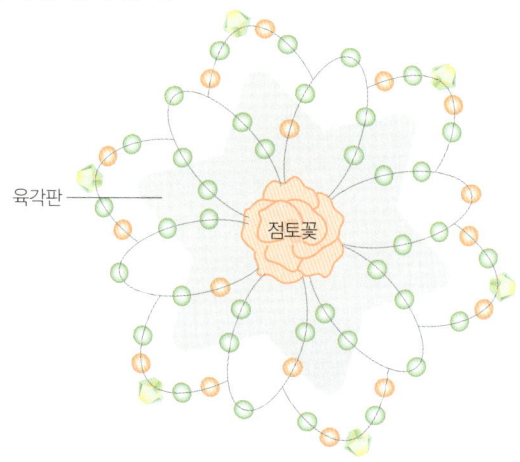

3. 오른쪽 그림과 같이 오링으로 세 송이 꽃을 연결한 다음, 니켈 꼬임 체인과 디자인 비즈 풍뎅이를 순서대로 엮어 목걸이 줄을 완성하여 마무리한다.

세 송이 꽃 목걸이는 목선에 꼭 맞게 해야 예쁘고 보기 좋다. 하지만 옷 위에 약간 늘어지게 연출하고 싶을 때는 랍스터 체인 고리를 맨 끝에 연결해 주면 된다.

아마조나이트 물방울 컷팅과 도화석의 오묘한 조화가
앞장식 잠금으로 인해 더욱 돋보이는 작품이다.
블랙톤 의상에 잘 어울리며 얌전하면서도 세련된 멋이 풍긴다.
누군가에게 고마움을 표시하고 싶을 때 추천하고 싶은 디자인이다.

11 아마조나이트 목걸이

난이도 ★★★★

재료 납작 물방울 아마조나이트 (大) 1개 / 납작 물방울 아마조나이트 (中) 1개 / 물방울 아마조나이트 13개 / 설화석 3mm 144개 / 아마조나이트 2mm 38개 / OR도금 체인 5cm / OR도금 앞장식 1개 / OR도금 와이어 0.3mm 조금 / 2호 낚싯줄 100cm

How to make

1. 아마조나이트 물방울을 목걸이줄에 들어가는 5개를 제외하고, 와이어에 끼워 체인에 연결하여 펜던트를 만든다.
2. 낚싯줄을 ①의 맨 위쪽 체인 구멍에 걸어 고정볼로 고정시킨다.
3. 설화석 3mm 5개, 아마조나이트 2mm 1개, 설화석 3mm 1개, 아마조나이트 2mm 1개, 설화석 3mm 5개를 순서대로 끼워준다.
4. 아마조나이트 물방울 1개를 넣고 ③을 반복한다.
5. 오른쪽 그림과 같이 목둘레에는 설화석과 아마조나이트를 순서대로 끼워주고 앞장식을 연결하기에 앞서 아마조나이트 물방울 2개를 순서에 맞게 끼워준다.
6. 앞장식 고리에 낚싯줄을 걸어 고정볼로 눌러준 후 마무리한다.

- 설화석 3mm
- OR도금 앞장식
- 아마조나이트 2mm
- 납작 물방울 아마조나이트
- 납작 물방울 아마조나이트 (中)
- 납작 물방울 아마조나이트 (大)

Tip

블랙이나 화이트 목티 위에 멋스럽게 연출해 보자. 중심에 늘어지는 무게감이 있어 목선이 예쁘게 보인다.

물방울 커넬리언을 이용한 꽃 목걸이.
심플하면서도 깜찍하고 귀여운 느낌을 주며, 컷팅을 하여
고급스럽고 단아한 이미지를 준다.
아이보리나 브라운톤 네크라인에 포인트를 주면 귀여워 보인다.
멀리서도 눈에 띄는 디자인으로 남의 시선을 사로잡기에 충분하다.

12 커넬리언 목걸이

난이도 ★

재료 물방울 커넬리언 5개 / 자마노 컷팅 10mm 1개 / 나뭇잎 커넬리언 6개 / SW 5301 4mm 토파즈 AB 10개 / 시드비즈 약간 / 신주버니시 비드팁 2개 / 신주버니시 랍스터 1개 / 3호 낚싯줄 150cm / 피아노줄 50cm

How to make

[꽃 만들기]

1. 물방울 커넬리언 5개를 연결하여 교차한 후, 위에 자마노 컷팅 10mm 얹어준 다음 맞은 편에서 교차하여 고정시켜 준다.

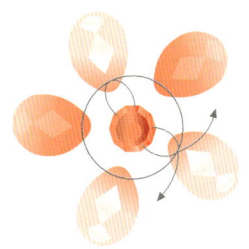

2. 물방울 커넬리언 1개에 피아노줄을 걸어 시드비즈 15개, 크리스털 4mm 1개, 시드비즈 15개, 나뭇잎 커넬리언을 순서대로 끼워 넣는다.

3. 오른쪽 그림과 같이 시드비즈 15개, 크리스털 4mm 1개를 순서대로 넣고 비드팁을 연결하여 랍스터에 걸어주면 목걸이가 완성된다.

> **TIP**
> 연한 미색에서부터 짙은 오렌지빛을 띠는 커넬리언은 고급스럽고 온화한 느낌을 준다. 여성스럽고 귀여운 느낌의 커넬리언을 이용하여 다양한 모양의 목걸이를 디자인하여 보자.

여성스럽고 우아한 느낌을 주는 라이트 피치 무늬 핵진주가
크리스털, 시드비즈와 멋들어지게 잘 어울린다.
분홍빛 의상의 원피스나 블라우스에 코디하면 더없이
사랑스럽고 밝은 인상을 주며, 옷차림을 더욱 돋보이게 할 것이다.

13 무늬 핵진주 체인 목걸이

난이도 ★★★★

재료: 무늬 핵진주 8mm 라이트 피치 7개 / 무늬 핵진주 6mm 라이트 피치 4개 / SW 5301 LT 피치 AB 12개 / 시드비즈 약간 / OR도금 9핀 6개 / O링 6개 / OR도금 체인 25cm / 2호 낚싯줄 80cm / OR도금 스냅클래습 1쌍

How to make

1. 시드비즈 16개를 넣고 교차한 후 무늬 핵진주 6mm를 두 줄 모아 넣어준 후 맞은 편 시드비즈 1개에서 교차한다.

2. 양쪽이 시드비즈 8개씩 넣어준 후 다시 시드비즈 2개로 교차한 다음, 무늬 핵진주 8mm를 넣어준 후 맞은 편 시드비즈 1개에서 교차한다.

3. 다시 양쪽 시드비즈 8개씩 거슬러 올라와 그림과 같이 중앙에서 오른쪽을 먼저 완성한다.

4. 낚싯줄을 20cm 정도 준비하여 맞은편도 똑같이 완성한다.

5. 양쪽에 체인 1cm씩 걸어준 다음 4mm 크리스털, 8mm 무늬 핵진주, 4mm 크리스털을 각각 9핀에 걸어 연결한다.

6. 양쪽에 체인 8cm씩 링에 걸어 연결한다.

7. O링으로 스냅클래습을 연결하면 목걸이가 완성된다.

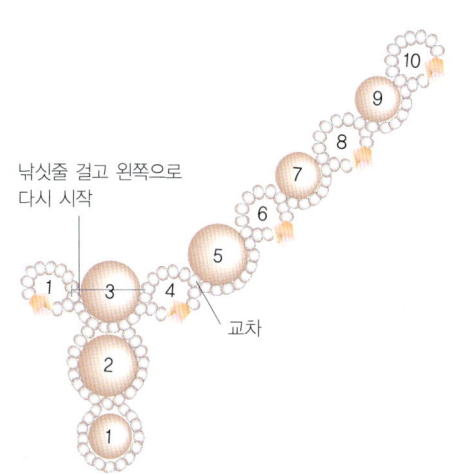

목티나 셔츠를 입었을 때 밋밋함을 덜어주는 도화석 긴줄 목걸이.
브라운 톤이나 블랙, 화이트에 무난히 잘 어울리며 양쪽에 자리잡고 있는
도화석과 황옥이 다른 소재와도 잘 어우러져 멋스러움을 더한다.
늘어지는 체인의 자연스런 조화가 목걸이를 더욱 빛나게 한다.

14 도화석 긴줄 목걸이

난이도 ★★★

재료: 도화석 3개 / 황옥 3개 / 자마노 원통 컷팅 2개 / 오닉스 컷팅 오벌 1개 / 오닉스 컷팅 12mm 1개 / 오닉스 컷팅 10mm 10개 / 자마노 컷팅 10mm 10개 / 베네치아 비즈 2개 / 오닉스 4mm 라운드 22개 / 오닉스 4mm 컷팅 1개 / 오닉스 3mm 라운드 1개 / 신주버니시 캡 32개 / 흑나켈 체인 100cm / 흑나켈 비드팁 6개 / 흑니켈 O링 3개 / 피아노줄 70cm

How to make

1. 황옥을 9핀에 말아 3개 준비한다.
2. 피아노줄에 비드팁을 연결하여 A를 2개 만든다.
3. 피아노줄에 비드팁을 연결하여 B를 만든다.
4. 흑니켈 체인 2줄에 A를 연결하는데, 한쪽은 위아래를 바꾸어 연결한다.
5. 오른쪽 그림과 같이 황옥과 체인을 O링으로 연결하여 목걸이를 마무리한다.

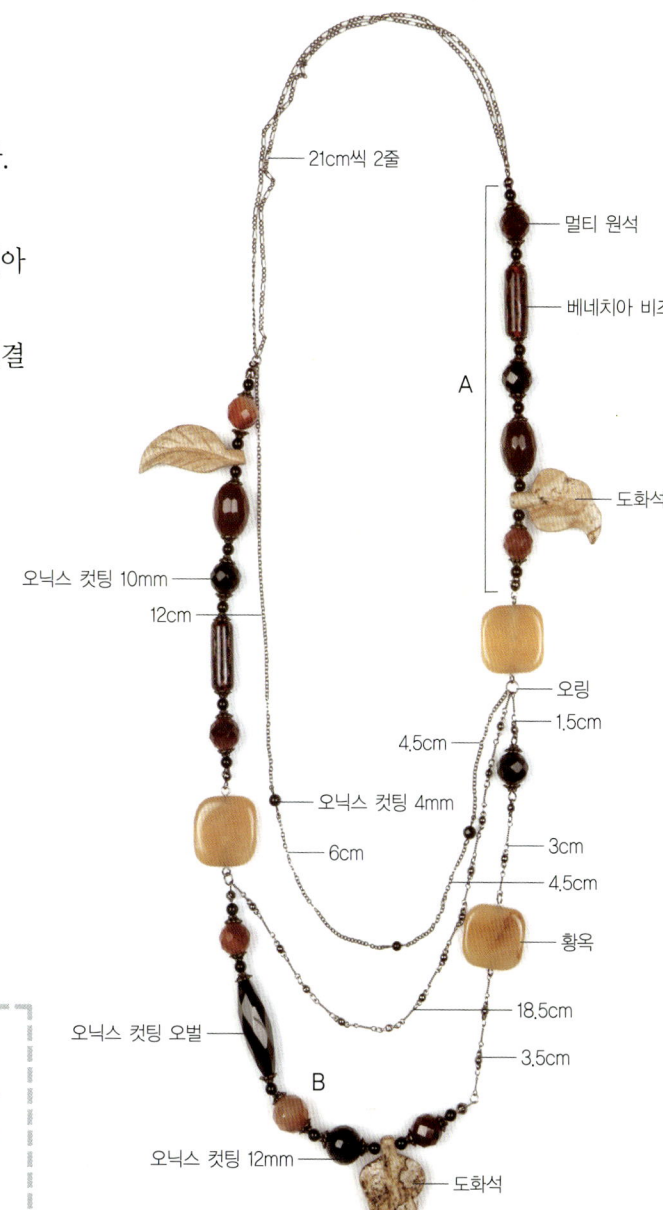

Tip

황옥은 황금색깔만 일컫는게 아니라 무색에서 청색, 핑크, 갈색도 있다. 황옥은 팽창의 돌이며 사랑의 돌로서 기쁨과 희망을 준다. 부드러운 특성이 있어서 계속 착용하고 있으면 마음이 밝아지고 정화되는 느낌을 받는다.

심플하면서도 귀한 느낌을 주는 디자인으로 정장이나
캐주얼 차림에 모두 잘 어울린다.
카키톤 의상이나 검정, 크림 의상을 가지고 있다면
목걸이를 활용해서 통일감을 주는 것도 좋다.
고상하면서도 독특한 디자인이 네크라인을 한층 돋보이게 한다.

15 물방울 목걸이

난이도 ★★

재료 물방울 VM 13mm 9개 / 환대 비즈 약간 / 나비장식 집게 2개 / 신주버니시 랍스터 1개 / 신주버니시 귀걸이 훅 1쌍

How to make

① 낚싯줄 양쪽에 환대 비즈 2개씩 넣고 5개째에서 교차한다.

② ① 다음부터는 양쪽에 환대 비즈 1개만 넣고 교차하는데 24번째까지 반복한다.

③ ②의 낚싯줄에 환대 비즈 3개 넣고 교차하여 한쪽 낚싯줄로 26번을 한 바퀴 돌고 한쪽 낚싯줄로는 25번을 돌려준 후 Ⓐ에서 교차시킨다.

④ 다음 그림과 같이 물방울 VM 사이 환대 비즈 4개씩 교차한다.

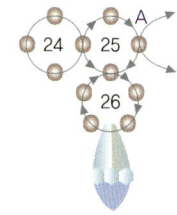

⑤ 계속 반복하다가 43, 44, 45는 43에서 교차한 후 한쪽 낚싯줄로 44, 45를 돌고 나와서 Ⓑ에서 교차한다.

⑥ 좌우 규칙적으로 모양을 만들어준 후 랍스터에 연결하면 된다.

[귀걸이 만들기]

① 물방울 VM에 나비장식 집게를 연결시킨 다음 귀걸이훅을 걸어주면 귀걸이가 완성된다.

실제로 착용했을 때 더욱 빛을 발하는 목걸이로,
곡선의 오묘한 아름다움이 느껴진다.
벨벳 소재의 원피스나 드레스에 코디하면 화려한 이미지를 더해줄 것이다.
모임이나 기념일에 의상과 맞춰 착용하여 우아한 분위기를 연출해 보자.

16 진주 목걸이

난이도 ★

재료 SW 5810 4mm 크림색 258개 / 큐빅 장식 5개 / 3단 고리 장식 2개 / 신주버니시 랍스터 6개 / O링 8개 / 뒷장식 1쌍 / 3호 낚시줄 100cm

How to make

1. 낚싯줄 30cm씩 3줄을 준비한다.
2. 큐빅 장식에 낚싯줄 3줄을 나란히 끼운 다음, 4mm 크림색 진주를 10개, 11개, 12개씩 각각 넣는다. 양쪽 똑같이 한다.
3. 큐빅 장식에 3줄을 순서대로 끼운 다음 좌우 똑같이 4mm 진주 10개, 11개, 12개씩 규칙적으로 넣는다.
4. 다시 큐빅 장식 끼운 다음 3줄 똑같이 진주 21개씩 끼워 넣는다.
5. 비드팁에 각각 연결하여 접착제를 발라 마무리하고 오링으로 3단 고리 장식에 이어준다.
6. 뒷장식과 3단 고리 장식을 오링으로 연결하면 목걸이가 완성된다.

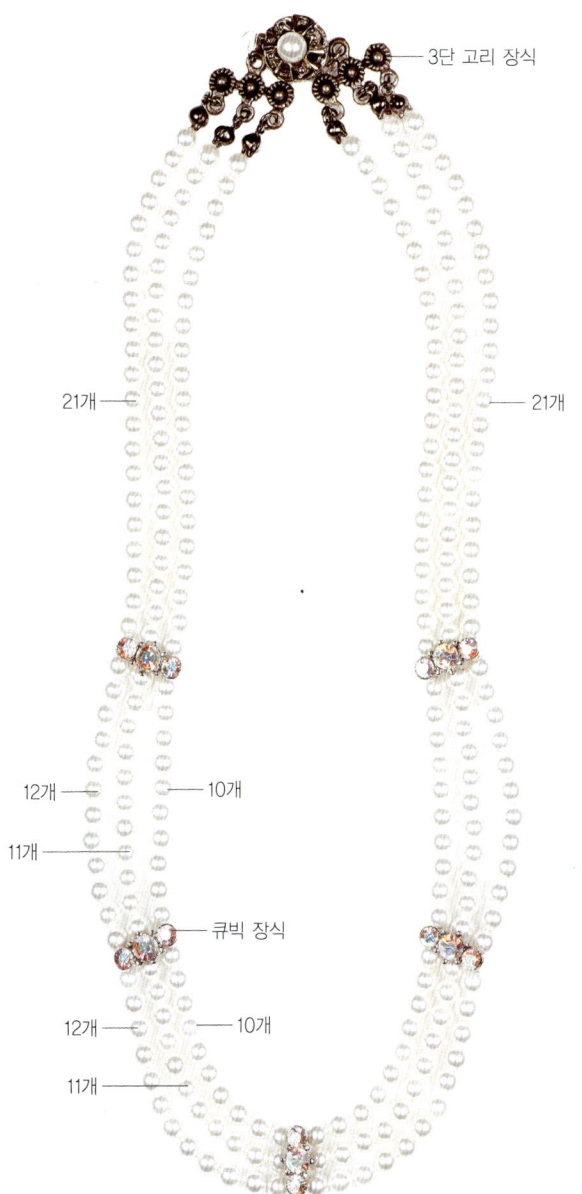

beads
jewelr

다섯번째 이야기

비즈숍에서 제안하는
캐릭터 엿보기

y

character making

강아지 신랑

난이도 ★★★★

 3mm 오닉스 3개 / SW 5301 4mm 블랙 다이아 9개 / SW 5301 4mm 제트 17개 / SW 5301 4mm 크리스탈 3개 / SW 5301 4mm 라이트 콜로라도 토파즈 32개 / SW 5301 4mm 스모키 토파즈 12개 / 캡보석 1개 / 시드비즈 약간

How to make

① 몸통 만들기

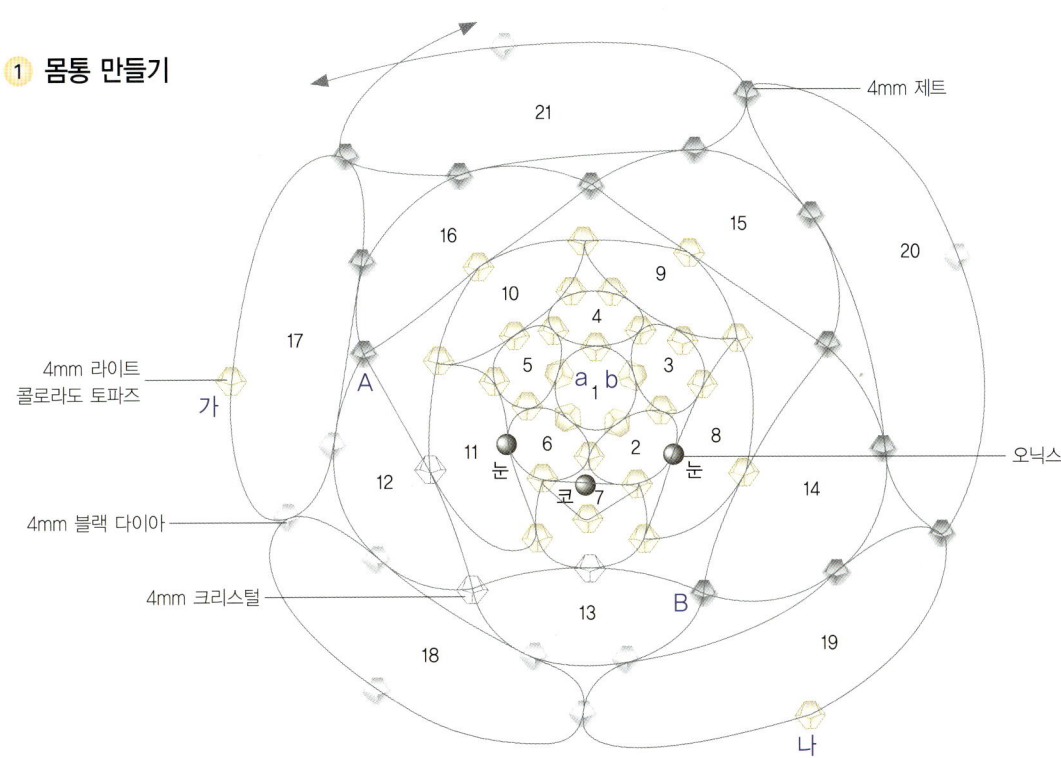

② 귀 만들기

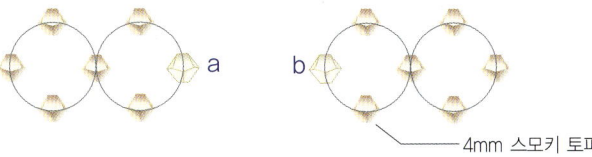

③ 손 만들기

④ 발 만들기

character making

강아지 신부

 난이도 ★★★★

3mm 오닉스 3개 / SW 5301 4mm 스모키 토파즈 12개 / SW 5301 3mm 화이트 오팔 10개 / SW 5301 4mm 화이트 오팔 35개 / SW 5301 4mm 라이트 콜로라도 토파즈 25개 / SW 5301 3mm 라이트 콜로라도 토파즈 2개 / 드롭 시드 4개 / 꽃 1개 / 시드비즈 약간

How to make

1 몸통 만들기

- 화이트 오팔
- 드롭 시드
- 시드비즈
- 라이트 콜로라도 토파즈

2 치마 만들기

- 4mm 화이트 오팔
- 3mm 화이트 오팔

3 부케 만들기

- 3mm 라이트 콜로라도 토파즈
- 3mm 화이트 오팔
- 꽃

4 귀 만들기

- 드롭 시드
- 스모키 토파즈

character making

 ## 당근 먹는 토끼

난이도 ★★★★★

 토끼 : 3mm 존킬 2X 58개 / 3mm 크리스털 AB 17개 / 3mm 오닉스 2개 / 3mm 라이트스모키 토파즈 2개 / 4mm 화이트 오팔 1개 / 납작 물방울 지르콘 2개
당근 : 4mm 레드 토파즈 41개 / 3mm 올리바인 23개 / 3mm 라이트 올리바인 12개

How to make

1 토끼 몸통 만들기

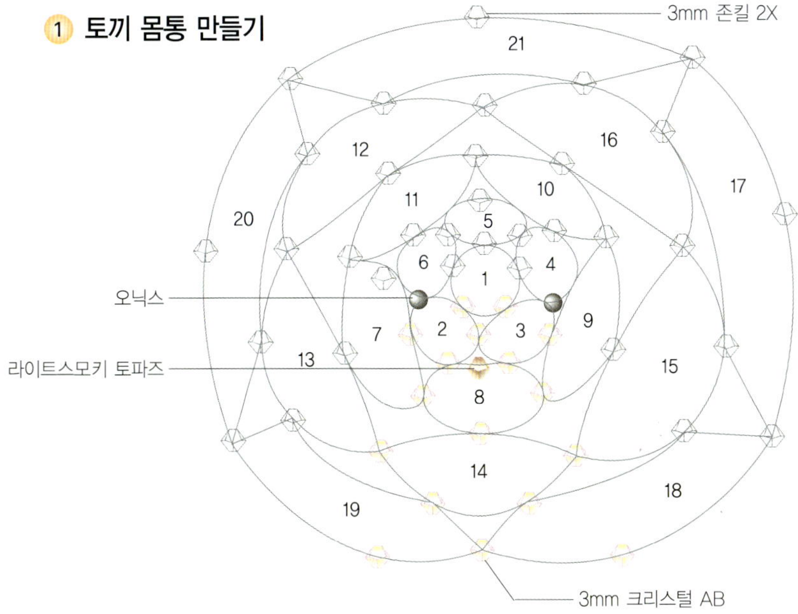

3mm 존킬 2X
오닉스
라이트스모키 토파즈
3mm 크리스털 AB

2 당근 만들기

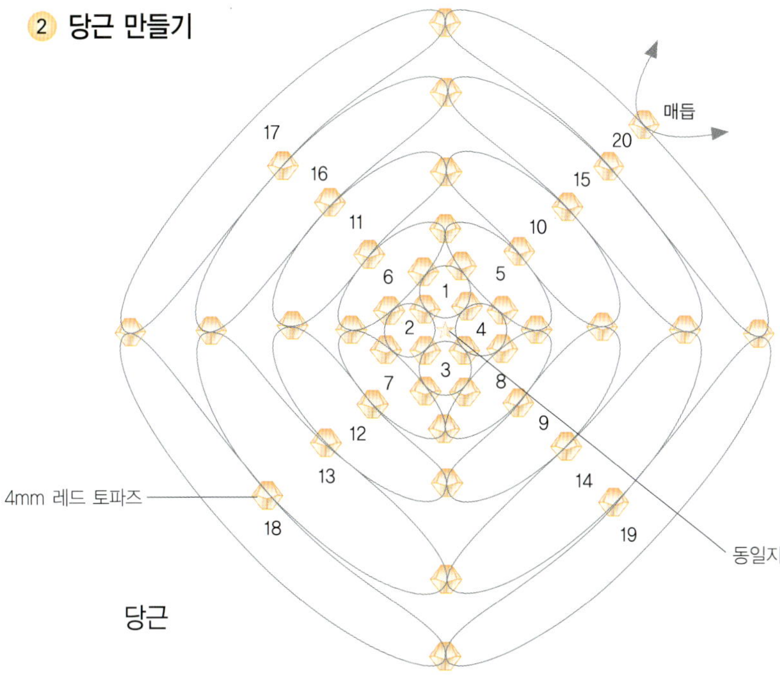

4mm 레드 토파즈
동일지점
당근

3 꼬리 만들기

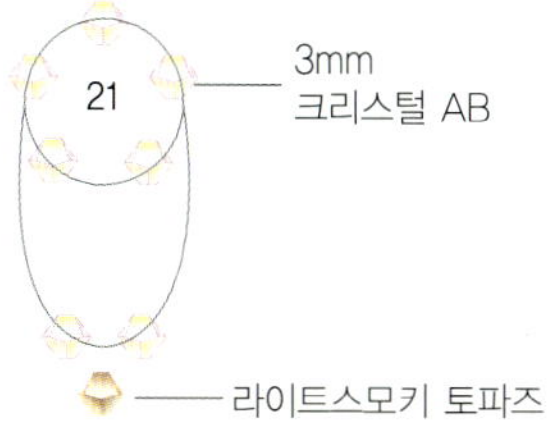

3mm 크리스털 AB
라이트스모키 토파즈

4 귀 만들기

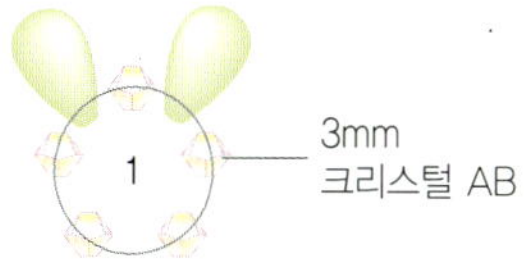

3mm 크리스털 AB

5 손 만들기

3mm 크리스털 AB

3mm 올리바인
3mm 라이트 올리바인
당근잎   매듭

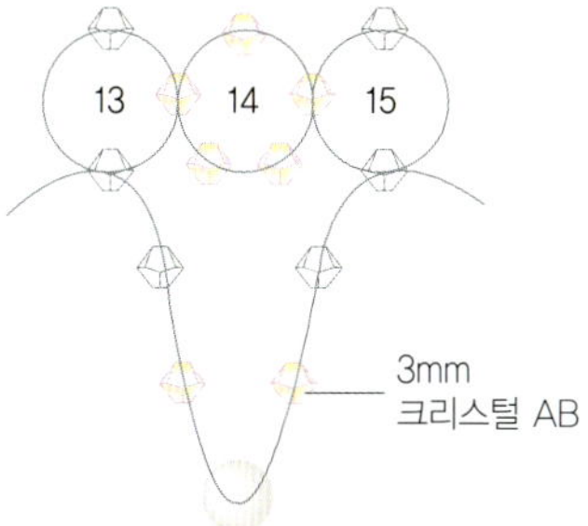

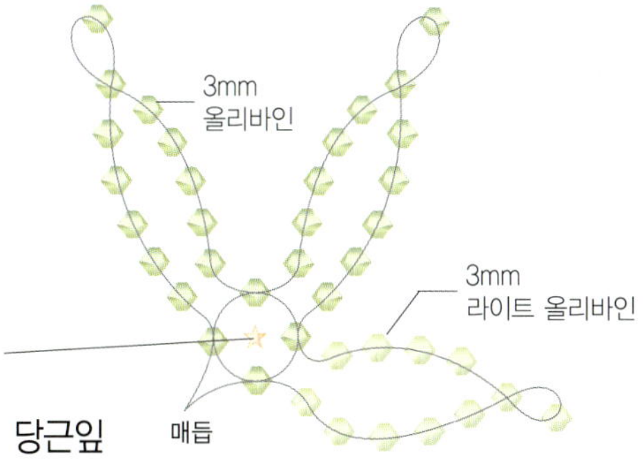

character making

 캐릭터 만들기 04

푸들 강아지

난이도 ★★★★★

 재료: 4mm 핵진주 크림색 125개 / 4mm 크리스털 AB 28개 / 3mm 크리스털 AB 37개 / 3mm 로즈 AB 5개 / 오닉스 2개 / 4mm 스모키 토파즈 1개 / 시드비즈 약간

How to make

① 머리 만들기

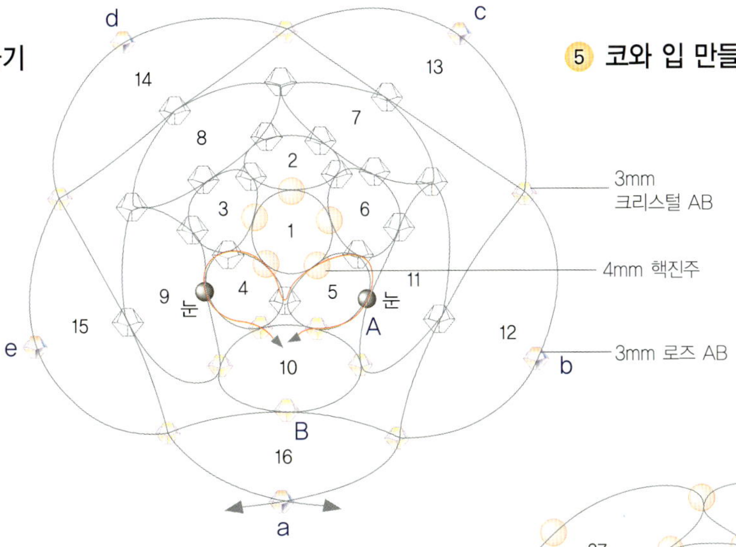

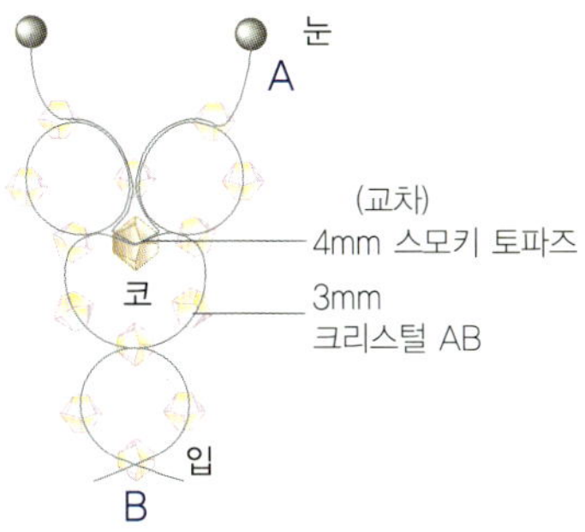

② 몸통 만들기

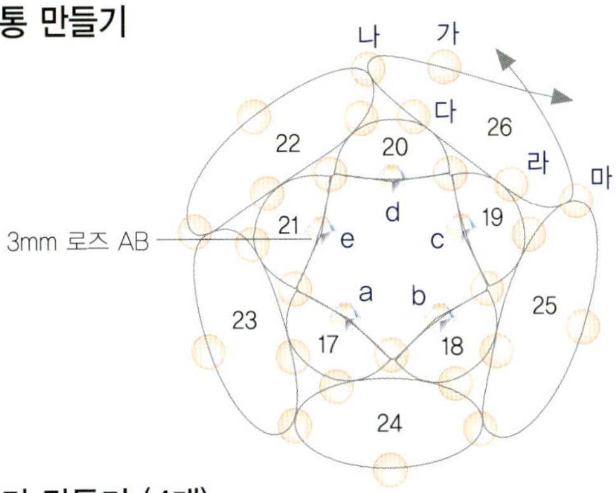

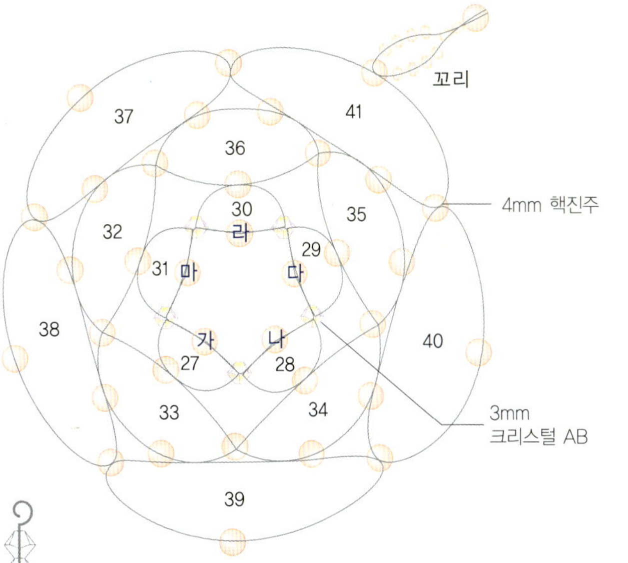

③ 다리 만들기 (4개)

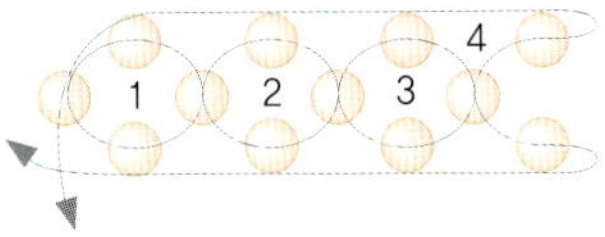

12구 4개를 만든 다음 그림과 같이 T핀에 걸어 네 다리의 위치를 잡아 오링으로 연결

④ 귀 만들기

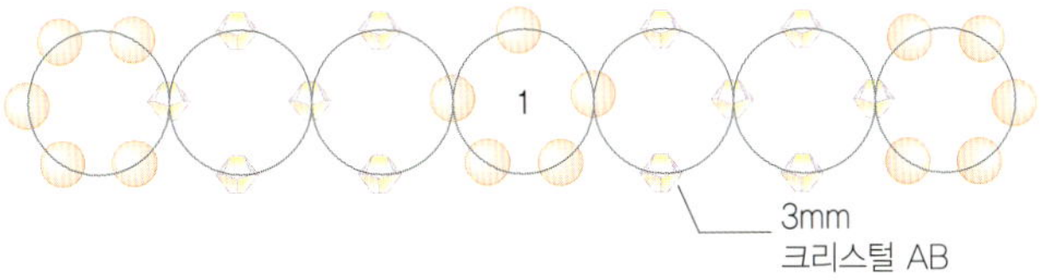

⑤ 코와 입 만들기

character making

슈나우저 강아지

난이도 ★★★★★

 SW 5301 4mm 블랙다이아 106개 / SW 5301 4mm 크리스털 AB 24개 / SW 5301 4mm 블루 지르콘 5개 / SW 5301 4mm 라이트 시암 1개 / 3mm 오닉스 3개 / 2호 낚싯줄 약 70~100cm

How to make

① 머리 만들기

④ 코, 입 만들기

② 몸통 만들기

⑤ 꼬리 만들기

⑥ 귀 만들기

③ 다리 만들기

character making

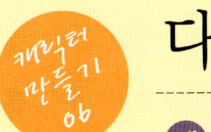

다람쥐

난이도 ★★★★★

재료 물방울 컷팅 라이트 콜로라도 토파즈 2개 / 4mm 스모키 토파즈 13개 / 4mm 크리스털 7개 / 3mm 라이트 콜로라도 토파즈 4개 / 6mm 라이트 콜로라도 토파즈 1개 / 시드비즈(브론즈) 약간 / 3mm 오닉스 1개 / 물방울 컷팅 토파즈 1개 / 4mm 라이트 콜로라도 토파즈 42개 / 3mm 스모키 토파즈 1개 / 3mm 크리스털 4개 / 8mm 축구볼 토파즈 1개 / 4mm 검정볼 2개

How to make

① 머리 만들기

④ 도토리 만들기

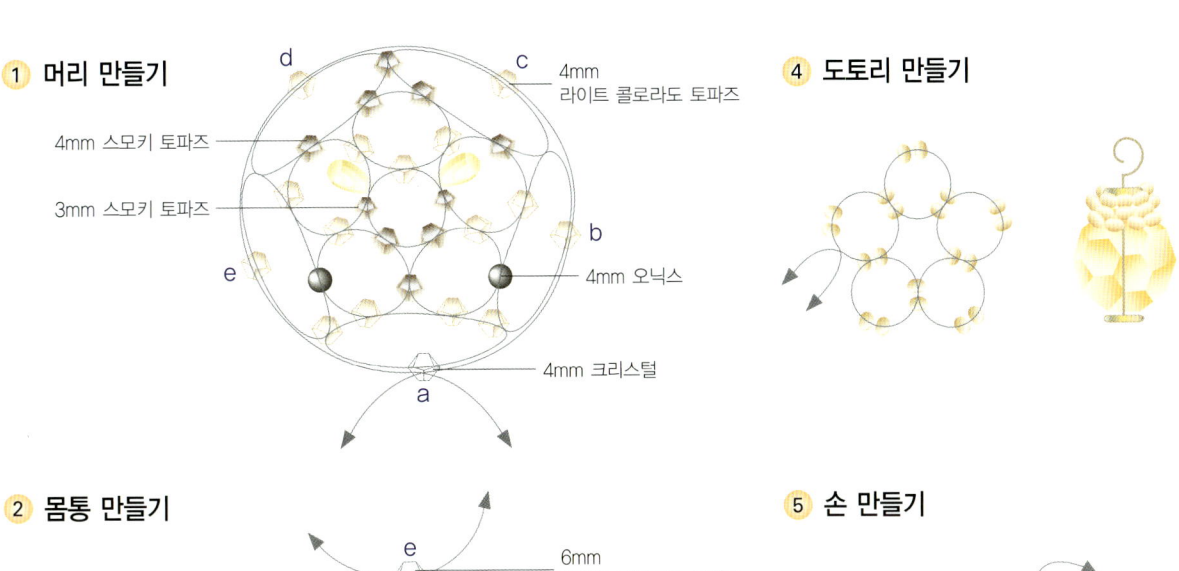

② 몸통 만들기

⑤ 손 만들기

⑥ 코, 수염 만들기

③ 다리 만들기

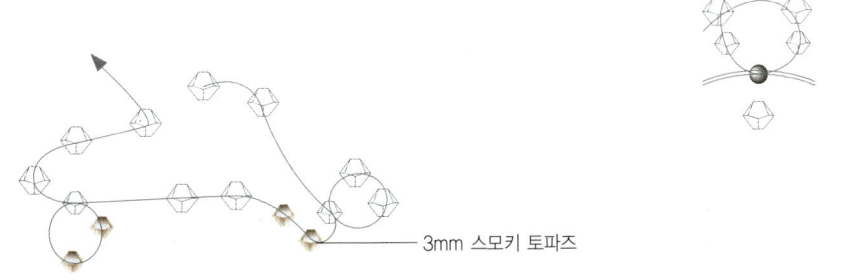

137

캐릭터 비즈 재료를 구입할 수 있는 곳

동대문 비즈숍
　제이펄 (동대문종합상가 B동 5067호)　T.(02)2272-6409
　　　　 (동대문종합상가 B동 5085호)　T.(02)2261-3011
　강아지 신랑, 강아지 신부, 당근 먹는 토끼

남대문 비즈숍
　대왕 (남정악세사리상가 5층 24호)　T.(02)756-7055
　푸들 강아지, 슈나우저 강아지, 다람쥐

행복한 날 비즈 주얼리

2007년 3월 15일 1판 1쇄
2010년 1월 15일 1판 2쇄

저자 : 오연림
펴낸이 : 남상호

펴낸곳 : 도서출판 **예신**
www.yesin.co.kr

140-896 서울시 용산구 효창동 5-104
대표전화 : 704-4233, 팩스 : 715-3536
등록번호 : 제03-01365호(2002. 4. 18)

값 12,000원

ISBN : 978-89-5649-050-2

*이 책에 실린 글이나 사진 및 그림은 문서에 의한 출판사의
동의 없이 무단 전재나 복제를 금합니다.